Daniela Steinmacher

***

Praktika – Chancen und Risiken

www.salzwasserverlag.de

Steinmacher, Daniela

Praktika – Chancen und Risiken

1. Auflage 2007

ISBN-13: 978-3-86741-006-9

Nachdruck, auch auszugsweise, nur mit schriftlicher Genehmigung des Verlags

© CT Salzwasser-Verlag GmbH & Co. KG, Bremen/Hamburg, 2003-2007 (www.salzwasserverlag.de)

Druck und Herstellung: Hohnholt Reprografischer Betrieb GmbH, Bremen (www.hohnholt.com)

Dieser Titel unterliegt dem Gesetz zur Regelung der Preisbindung von Verlagserzeugnissen (BGBl. I Nr. 63 vom 5. September 2002)

Die Deutsche Bibliothek verzeichnet diesen Titel in der Deutschen Nationalbibliografie. Bibliografische Daten sind unter http://dnb.ddb.de verfügbar.

Salzwasser
Verlag

Inhaltsverzeichnis

Abbildungsverzeichnis	II
1. Einleitung	1
1.1. Problemstellung und Zielsetzung	2
1.2. Gang der Untersuchung	4
2. Empirische Erhebung	6
2.1. Die Befragung der Unternehmen	6
2.2. Die Befragung der Praktikanten	22
2.3. Interpretation der Ergebnisse	41
3. Leitfaden zur optimalen Praktikumsdurchführung	50
3.1. Wozu ein Leitfaden?	50
3.2. Das Konzept	50
4. Ausblick	72
4.1. Einflussfaktoren auf Praktika in der Zukunft	72
4.2. Resümee und Fazit	80
Anlagen	82
Literaturverzeichnis	93
Internetquellen	97

Abbildungsverzeichnis

Abb. 1:	Befragte Unternehmen nach Mitarbeiterzahl klassifiziert in Prozent	7
Abb. 2:	Befragte Unternehmen nach Branche klassifiziert in Prozent	8
Abb. 3:	Möglichkeit zur Festeinstellung der Praktikanten im Anschluss an das Praktikum in Prozent	9
Abb. 4:	Inhalte der Praktikantenprogramme der befragten Unternehmen in absoluten Zahlen	11
Abb. 5:	Existenz eines Praktikantenpools bei den befragten Unternehmen	12
Abb. 6:	Unternehmen: Kosten-Nutzen-Verhältnis Praktikum in Prozent	13
Abb. 7:	Stellenwert des Themas Praktikum in der Zukunft aus der Unternehmenssicht	14
Abb. 8:	Zusammenarbeit der Praktikanten mit folgenden Mitarbeitern in Prozent	16
Abb. 9:	Unternehmen: Anteile der Tätigkeiten im Praktikum in Prozent	17
Abb. 10:	Möglichkeiten innerhalb des Praktikums in absoluten Zahlen	17
Abb. 11:	Praktika aus Unternehmenssicht: Reglementieren oder individuell gestalten? Angaben in Prozent	18
Abb. 12:	Chancen durch Praktika – Einschätzung der Unternehmen in Prozent	19
Abb. 13:	Risiken durch Praktika – Einschätzung der Unternehmen in Prozent	21
Abb. 14:	Befragte Praktikanten nach Mitarbeiterzahl der Praktikumsstelle klassifiziert in Prozent	23
Abb. 15:	Befragte Praktikanten nach Branche der Praktikumsstelle klassifiziert in Prozent	24
Abb. 16:	Auswahlkriterien Praktikumsstelle in Prozent	25
Abb. 17:	Angebot Festeinstellung im Anschluss an das Praktikum in Prozent	26
Abb. 18:	Zielsetzung Praktikum in Prozent	29
Abb. 19:	Praktikanten: Kosten-Nutzen-Verhältnis Praktikum in Prozent	30

Abb. 20: Stellenwert des Themas Praktikum in der Zukunft aus der Praktikantensicht 32
Abb. 21: Inhaltliche Kriterien bei der Durchführung des Praktikums in Prozent 35
Abb. 22: Praktikanten: Zusammenarbeit mit folgenden Mitarbeitern in Prozent 36
Abb. 23: Praktikanten: Anteile der Tätigkeiten im Praktikum in Prozent 37
Abb. 24: Praktika aus Praktikantensicht: Reglementieren oder individuell gestalten? 38
Abb. 25: Chancen Praktikum aus Praktikantensicht in Prozent 39
Abb. 26: Risiken Praktikum aus Praktikantensicht in Prozent 40
Abb. 27: Phasen der Praktikagestaltung 51
Abb. 28: Muster für einen Praktikumsplan 62
Abb. 29: Gesprächsleitfaden Praktikum 64
Abb. 30: Erwerbstätige nach Qualifikationsebenen Gesamtdeutschland, ohne Auszubildende in Prozent 74
Abb. 31: Entwicklung des Akademikeranteils an den Beschäftigten 75
Abb. 32: Erwartungen an High Potentials - Praktische Erfahrungen 88
Abb. 33: Erwartungen an High Potentials – Beurteilungskriterien für Praktika 89
Abb. 33: Erwartungen an High Potentials – Auswahlkriterien 90
Abb. 34: Beinflussungsfaktoren Einstiegsgehalt 90
Abb. 35: Auswahlkriterien bei der Rekrutierung von Nachwuchskräften 91
Abb. 36: Bedeutung von Praktikanten – Einschätzung der Unternehmen in Prozent 91
Abb. 37: Erwartete Engpässe bei der Stellenbesetzung in Prozent 92

1. Einleitung

„Grau, mein Freund, ist alle Theorie" – mit diesem Satz hat Goethes gelehrter Dr. Faust einen Allgemeinplatz ausgesprochen, der auch bei einem Studium des Pudels Kern trifft. Die Maßnahme Praktikum soll dazu dienen, um eine Brücke zwischen der „grauen" Theorie und der Praxis zu bilden.

„Das haben schon früh die Ausbilder in den Betrieben erkannt. Die Qualität der auch im Ausland geschätzten deutschen Berufsausbildung beruht bekanntlich auf den beiden Säulen der praktischen Ausbildung im Betrieb und der theoretischen Unterfütterung in der Berufsschule. Im Studium gewinnen seit vielen Jahren diejenigen Studiengänge an Bedeutung, die frühzeitig theoretische Reflexion mit praktischer Erfahrung kombinieren. Die praxisorientierten Fachhochschulen mit ihren integrierten Praktika erfreuen sich seit Jahrzehnten des steigenden Zustroms der Studierwilligen. Sie haben erkannt: Die beste Theorie nützt nichts, wenn sie in der Praxis nicht angewendet werden kann".[1]

„Für Arbeitgeber[2] und Arbeitnehmer gibt es keine bessere Methode als ein Praktikum, um sich kennen zu lernen", so die Meinung der Personalmanagerin der Deutschen Post, Christine Hermeling. „Die Bindung von Praktikanten stellt im Personalmarketing die wichtigste Maßnahme dar, um mögliche zukünftige Mitarbeiter schon während der Ausbildung für das Unternehmen zu interessieren", konstatiert Holger Koch, Geschäftsführer des Berliner Personalmarketinginstituts Tendence.

Dieses Bedürfnis zur langfristigen Bindung des Nachwuchses erlangt besondere Bedeutung durch die demografische Entwicklung: Da seit Jahren in Deutschland ein Rückgang der Geburtenrate zu verzeichnen ist, ist es nur eine logische Schlussfolgerung, dass auch gutes Fach- und Führungspersonal in absehbarer Zeit Mangelware sein wird.

---

[1] Fasel, Christoph, Prof. Dr., Artikel: „Die beste Theorie nützt nichts, wenn sie nicht umgesetzt wird", (2005, 2. Auflage), in: Praktikumsknigge, clash Verlag, S. 10 - 11

[2] Im Rahmen der vorliegenden Untersuchung wird bewusst aufgrund der besseren Lesbarkeit auf die Trennung der weiblichen und männlichen Ansprache verzichtet. Die Verwendung der männlichen Form impliziert auch die weibliche Form.

2005 arbeiteten in den deutschen Unternehmen zum ersten Mal mehr Mitarbeiter über 50 als unter 30. Rund 50 Prozent der Unternehmen haben Schwierigkeiten, offene Stellen zu besetzen, lautet das Ergebnis der Umfrage „Personalmarketing und Recruiting im Aufwind", bei der das Karrierenetzwerk e-follows und die Unternehmensberatung McKinsey & Company 24 große Unternehmen in Deutschland befragten. [3] „Es droht ein dramatischer Engpass an Führungsnachwuchs", bekräftigt auch Norbert Wangnick, Vorstand der Personalberatung Access. „Unternehmen, die jetzt keine Gegenmaßnahmen ergreifen, dürften im neuen ‚War for Talents' zu den Verlierern zählen. Viele Unternehmen handeln bereits entsprechend. Das Beratungsunternehmen Capgemini Ernst & Young befragte 2004 in einer umfangreichen Human Ressources Studie die Personalmanager von deutschen und Schweizer Unternehmen nach den drängenden Aufgaben der Zukunft. Als wichtigstes Thema wurde der „Krieg um Talente" – also die Gewinnung von High Potentials sowie die langfristige Mitarbeiterbindung – von fast der Hälfte der befragten Unternehmen genannt.[4]

1.1. Problemstellung und Zielsetzung

Das Thema Praktikum ist derzeit so präsent wie noch nie. Außer unzähligen Praktikaratgebern und Praktikaangeboten gibt es jedoch kaum eine kritische Auseinandersetzung und Untersuchung dieser Thematik, inwiefern es sich dabei tatsächlich um eine Brücke zwischen Theorie und Praxis handelt.

Die Idee zu dieser Arbeit entstand vor dem Hintergrund, dass sich das Praktikum als Nachwuchsrekrutierungsmittel einer immer höheren Beliebtheit erfreut und immer mehr Arbeitgeber praktische Erfahrungen als Einstellungsvoraussetzung propagieren. Jedoch ist ein Praktikum nicht gleich ein Praktikum und wird sowohl von den Praktikumsgebern als auch von den Praktikanten nicht immer optimal durchgeführt bzw. ernst genug genommen. Diese Erfahrung musste die Verfasserin selbst machen und dabei erkennen, dass es einer gründlichen Vorbereitung und strategischen Planung beider Seiten bedarf, damit es zu einer Win-Win-Situation kommt. Ziel dieser Arbeit ist es somit, das immer beliebter werdende Nachwuchs-

---

[3] Vgl. McKinsey e-fellows Recruiting Studie, Download 25.04.06, <u>Dokument 10</u> der Diplom-CD
[4] Jobguide Praktikum, (2006), Ausgabe 2006/07, Matchbox Media Verlag, S. 11

rekrutierungsinstrument zu beleuchten, etwaige Optimierungspotentiale aufzuspüren und diese in einem Leitfaden für die optimale Praktikumsgestaltung zu verarbeiten.

Definition und rechtliche Stellung

Das Praktikum dient i.d.R. dem Erwerb praktischer Kenntnisse und Erfahrungen in einem Unternehmen im Rahmen einer davon meistens unabhängigen, mehr theoretischen Ausbildung (z.B. eines Studiums). Es kann als praxisorientierte Vorstufe auch Zulassungsvoraussetzungen zur Aufnahme einer bestimmten Berufsausbildung, eines Studiums, einer weiteren Ausbildungsphase o.ä. sein. Das Praktikum kann nach Inhalt, Form und Dauer reglementiert sein, z.B. in einer Studienordnung oder aber nach individueller Absprache zwischen Unternehmen und Praktikant gestaltet werden. Stehen während des Praktikums eindeutig Ausbildungszwecke im Vordergrund, gelten – mit einigen Ausnahmen – die Vorschriften des Berufsbildungsgesetzes (§ 19 BBiG[5]).[6] Bei einem Praktikum kann die gesetzliche Probezeit abgekürzt und auf eine Vertragsniederschrift verzichtet werden. Die Rechte und Pflichten sind die Gleichen wie bei einem Ausbildungsvertrag. Praktikanten haben ebenfalls Anspruch auf einen bezahlten Erholungsurlaub. Wenn der Praktikant über einen Zeitraum von mehr als sechs Monaten nicht zum Erwerb von praktischen Kenntnissen und Erfahrungen, sondern wie ein Arbeitnehmer eingesetzt wird, kann nach der Rechtsprechung ein vollwertiges Arbeitsverhältnis vorliegen - die Regeln des Berufsbildungsgesetzes gelten dann nicht - sondern die des regulären Arbeitsrechts.[7]

Abgrenzung

Die vorliegende Untersuchung zielt darauf ab, die Chancen und Risiken zu beleuchten, die für Unternehmen auf der einen – und Studenten – auf der anderen Seite, bei dem Thema Praktikum

---

[5] Berufsbildungsgesetz, § 19 Andere Vertragsverhältnisse. Soweit nicht ein Arbeitsverhältnis vereinbart ist, gelten für Personen, die eingestellt werden, um berufliche Kenntnisse, Fertigkeiten oder Erfahrungen zu erwerben, ohne dass es sich um eine Berufsausbildung im Sinne dieses Gesetzes handelt, die §§ 3 bis 18 mit der Maßgabe, dass die gesetzliche Probezeit abgekürzt, auf die Vertragsniederschrift verzichtet und bei vorzeitiger Lösung des Vertragsverhältnisses nach Ablauf der Probezeit abweichend von § 16 Abs. 1 Satz 1 Schadensersatz nicht verlangt werden kann.
[6] Gabler Kompakt-Lexikon Personal A-Z, 1. Auflage (2003)
[7] Boden, Martina (Hrsg.), (2005), Handbuch Personal, mi-Fachverlag, S. 112

entstehen können. Da es eine Vielzahl verschiedener Praktikumsarten[8] gibt, konzentriert sich die Verfasserin auf die Art von Praktika, die während eines (Fach-) Hochschulstudiums absolviert werden. Auf Praktika, die im Rahmen der Berufsorientierung während der Schulzeit sowie nach einer absolvierten (Hochschul-) Ausbildung durchgeführt werden, wird im Rahmen der vorliegenden Arbeit nicht eingegangen. Insbesondere Praktika nach dem Abschluss einer (Hochschul-) Ausbildung müssen unter anderen Gesichtspunkten betrachtet werden, als dies bei studienintegrierten Praktika der Fall ist. Darüber hinaus werden diese Praktika zunehmend kritischer betrachtet und können sich mitunter sogar schädigend für den weiteren beruflichen Werdegang auswirken. „Mit jedem Praktikum nach der Ausbildung signalisiert man, dass man keinen richtigen Job gefunden hat. Und wenn ich das dreimal gemacht habe, ist die Chance gleich null, dass ich einen richtigen Job kriege. Und zwar unabhängig davon, ob das Praktikum bezahlt ist oder nicht. Nach jedem Studium ist jedes Praktikum der absolute Karrierekiller", konstatiert Professor Scholz.[9]

1.2. Gang der Untersuchung

Das Ziel der vorliegenden Arbeit ist es, das Personalrekrutierungsinstrument Praktikum quantitativ und qualitativ näher zu beleuchten. Ein zentraler Untersuchungsgegenstand besteht darin, die Chancen und Risiken des Einsatzes dieses Instrumentes darzustellen. Sowohl aus Sicht der Unternehmen als Praktikageber als auch aus Sicht der Studenten als Praktikanten wird die Thematik behandelt. Um dies zu gewährleisten, wird nach dieser praxisrelevanten Einleitung, in Kapitel 2 mit der Erläuterung der Vorgehensweise der empirischen Erhebung begonnen. Jeweils in getrennten Unterkapiteln werden die jeweiligen Ergebnisse der Befragungen erörtert. Zunächst werden die allgemeinen Merkmale der Teilnehmer beschrieben. Anschließend wird auf die einzelnen Fragen des Fragenkataloges eingegangen und aufgrund dessen die Chancen und Risiken ausgewertet. Das 2. Kapitel schließt ab mit der Interpretation und Gegenüberstellung der Auswertungsergebnisse. Die Quintessenz

---

[8] Definitionen der verschiedenen Praktikumsarten siehe Anlage A.1, <u>Dokument 47</u> auf der Diplom-CD
[9] Professor für Organisations- und Personalmanagement an der Universität in Saarbrücken

der Fragen fließt schlussendlich in den Leitfaden zur optimalen Praktikagestaltung mit ein, der in Kapitel 3 dargestellt wird. Der Leitfaden beinhaltet sämtliche Phasen und Prozesse, die bei der Planung und Gestaltung eines Praktikums berücksichtigt werden sollten. Hierbei werden die Phasen: Situationsanalyse, Rekrutierungsphase, Durchführungsphase, Erfolgskontrolle und Nachbetreuung behandelt. Im vierten Kapitel werden die Herausforderungen der Zukunft, die auch Einfluss auf den zukünftigen Stellenwert des Praktikums nehmen werden, beschrieben: Welche Konsequenzen ergeben sich aus der Änderung der Berufswelt? Was bedeutet das für die Zusammenarbeit zwischen Hochschule und Wirtschaft? Was kommt aufgrund der Umstellung des Hochschulsystems auf Bachelor und Master auf die Personalabteilungen zu und was müssen sie vor diesem Hintergrund bei der Gestaltung von Praktika zukünftig beachten? Nach diesem Ausblick schließt die vorliegende Arbeit mit einem Resümee und einem Fazit der Verfasserin ab.

2. Empirische Erhebung

Um die Thematik der Untersuchung umfassend beleuchten zu können, wurde eine empirische Studie durchgeführt. Ausgangspunkt dieser Studie, die aufgrund ihres Umfanges keinen Anspruch auf Einhaltung der Gütekriterien [10] erheben kann, ist eine schriftliche Befragung verschiedener Unternehmen sowie ehemaliger Praktikanten. Beide Fragebögen enthalten insgesamt 61 Fragestellungen, die für eine umfassende Bearbeitung der Thematik notwendig waren. Im Anhang befindet sich die vollständige Auswertung aller Fragestellungen in Tabellenform. Aufgrund von Dezimalrundungen bei den prozentualen Ergebnissen kann es bei der einen oder anderen Abbildung dazu führen, dass die Summe nicht immer exakt 100 ergibt, sondern in Ausnahmefällen um einen Prozentpunkt abweicht.

2.1. Die Befragung der Unternehmen

Zielsetzung der Befragung der Unternehmen

Zielsetzung der Befragung der Unternehmen war es, den Stellenwert sowie die Art und Weise der Gestaltung der in diesen Unternehmen durchgeführten Praktika näher zu untersuchen. Dabei wurden über 900 Unternehmen verschiedener Größenordnungen und Branchen per e-Mail angeschrieben [11] und gebeten, einen Fragebogen[12] mit 27 Fragen schriftlich auszufüllen. Da insgesamt 94 Fragebögen ausgefüllt wurden, besteht die Grundgesamtheit aus 94 Unternehmen. Damit beträgt die Rücklaufquote ca. 10 Prozent. Die Erhebung bezieht sich auf den Zeitraum April 2006. Insgesamt 70 Prozent der 94 beteiligten Unternehmen haben ihr Interesse an den Auswertungsergebnissen bekundet. Einige von diesen Unternehmen sind sogar an allen darüber hinausgehenden Informationen in-

---

[10] Die Gütekriterien sind: 1) **Operationalisierung** (=Angabe von Messvorschriften für einen nicht unmittelbar beobachteten Sachverhalt), 2) **Validität** (Wertigkeit / Gültigkeit: Das Ausmaß, in dem ein Test das misst, was er zu messen vorgibt) und 3) **Reliabilität** (=Zuverlässigkeit / Messgenauigkeit: Das Ausmaß, in dem ein Test bei wiederholter Anwendung ähnliche Ergebnisse liefert; die Stabilität und Konstanz der Messwerte eines Instruments.) Darüber hinaus muss die Objektivität in der Durchführung und Auswertung der empirischen Erhebung gewährleistet sein.
[11] Anschreiben Unternehmen siehe Anlage A. 2, Dokument 48 auf der Diplom-CD
[12] Fragebogen Unternehmen siehe Anlage A. 3, Dokument 49 auf der Diplom-CD

teressiert, was bereits an dieser Stelle zeigt, dass die Thematik einen nicht zu verachtenden Stellenwert besitzt.

Methodische Vorgehensweise

Die empirische Erhebung, die schriftlich durchgeführt wurde, bestand bei dem Fragebogen für die Unternehmen mit Ausnahme einer Fragestellung[13], die jedoch nur bedingt zu beantworten war, aus quantitativen Fragestellungen.

Allgemeine Merkmale der Teilnehmer

1) Klassifizierung der Unternehmen nach Anzahl der Mitarbeiter:

Mit über 28 Prozent haben sich überwiegend mittelständische Unternehmen mit 501 bis 1.500 Mitarbeiter an der Umfrage beteiligt, wie das nachstehende Schaubild zeigt.[14]

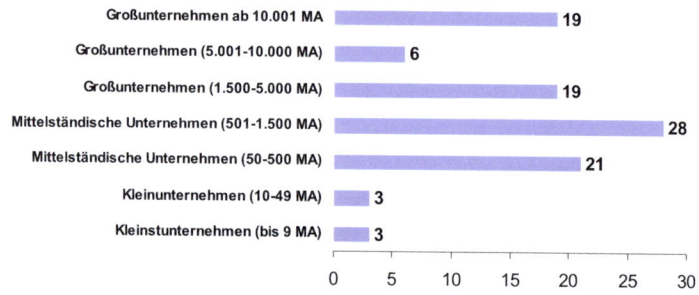

Abb. 1: *Befragte Unternehmen nach Mitarbeiterzahl klassifiziert in Prozent*

2) Verhältnis Mitarbeiter - Praktikant

Zusammengefasst bieten die an der Umfrage beteiligten Unternehmen mit über einer halben Million Mitarbeitern knapp 7.000 Praktikantenplätze an – ausgenommen drei Unternehmen, die bei der Frage, wie viele studentische Praktikanten sie jährlich beschäftigen, keine Angaben machten. Das durchschnittliche Verhältnis Mit-

---

[13] Qualitative Fragestellung: „Falls das Thema Praktikum für Sie zukünftig einen höheren oder niedrigeren Stellenwert einnehmen wird, warum glauben Sie, wird dies der Fall sein?"

[14] Klassifizierung der Unternehmen nach Mitarbeiterzahl in Anlehnung an das Statistische Bundesamt, siehe Statistisches Bundesamt: Definition Kleinst-/ Mittelständische Unternehmen 26.04.06, Dokument 40 auf der Diplom-CD

arbeiter zu Praktikant beträgt demnach 82 zu 1. Die Mehrheit der Unternehmen beschäftigt mit 37 Prozent bis zu 50 Mitarbeiter pro Praktikant. Bei 16 Prozent der Unternehmen waren es unter 10 Mitarbeiter je Praktikant, bei 23 Prozent zwischen 50 und 100 Mitarbeiter. Bei 17 Prozent kamen auf einen Praktikanten 100 bis 500 Mitarbeiter und bei 2 Prozent waren es sogar 500 Mitarbeiter je Praktikant.

3) Klassifizierung der Unternehmen nach Branchen:

Die Branchen Finanzdienstleistungen, Konsumgüter- und verarbeitende Industrie sind am stärksten an der Umfrage beteiligt, wie sich folgender Grafik entnehmen lässt:

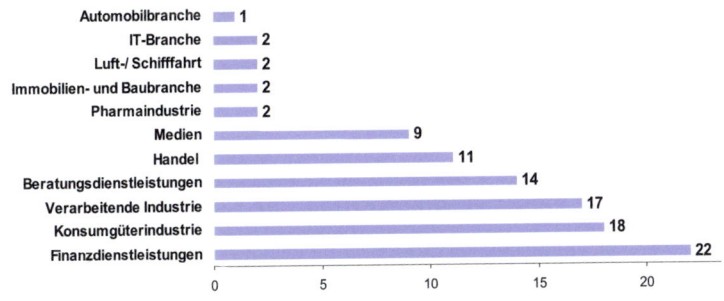

Abb. 2: Befragte Unternehmen nach Branche klassifiziert in Prozent [15]

Fragenkatalog und Darstellung der Ergebnisse

4) Wie vielen Ihrer Praktikanten können Sie – Eignung vorausgesetzt – anschließend ein Angebot für ein festes Angestelltenverhältnis unterbreiten?

Das Ergebnis lässt eine eindeutige Mehrheit erkennen: 57 Prozent der 94 Unternehmen können weniger als 25 Prozent ihrer Praktikanten einen Arbeitsplatz anbieten. 16 Prozent können jeden vier-

---

[15] Unter der Branche der **Finanzdienstleistungen** sind die Angaben von Banken und Versicherungen zusammengefasst. Unter den Begriff der **verarbeitenden Industrie** fallen Unternehmen der Metall-/ Elektroindustrie, Maschinenbau, Chemie-/ Baustoffindustrie, Windkraft-/ Reifenherstellung. Der **Handel** setzt sich aus dem Einzel-/ Groß- und Außenhandel zusammen. Wirtschaftsprüfung, Consulting, Personal-/ IT-/ Media-Beratung und Werbung bilden den Bereich der **Beratungsdienstleistungen**. Unter **Medien** fallen alle Unternehmen im Bereich Funk, Film, Fernsehen und Verlagswesen.

ten Praktikanten beschäftigen, bei 11 Prozent der Unternehmen kann niemand nach dem Praktikum einsteigen.

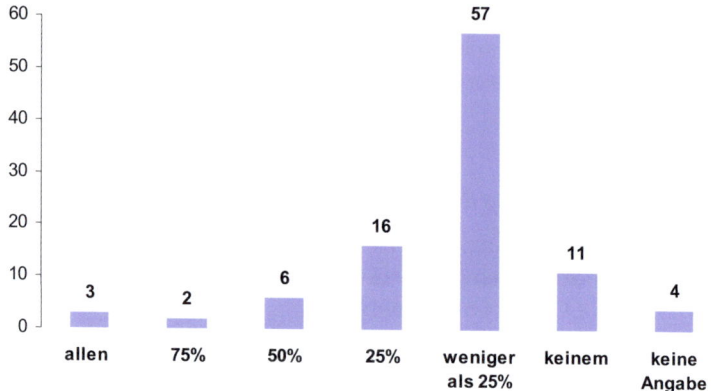

Abb. 3: *Möglichkeit zur Festeinstellung der Praktikanten im Anschluss an das Praktikum in Prozent*

5) Wie viele Ihrer Praktikanten erhalten die Möglichkeit, eine Untersuchung / Thesis in Kooperation mit Ihrem Unternehmen zu schreiben?

Die prozentuale Verteilung der Antworten sind mit den Ergebnissen der vorherigen Fragestellung vergleichbar: 53 Prozent der Unternehmen bieten weniger als 25 Prozent ihrer Praktikanten eine Zusammenarbeit im Form von Abschlussarbeiten an. Bei 17 Prozent der Unternehmen können 25 Prozent der Praktikanten und bei 11 Prozent sogar jeder zweite Praktikant mit einer Zusammenarbeit rechnen.

6) Durchschnittliche Dauer eines studentischen Praktikums:

24 Prozent der befragten Unternehmen vergeben im Durchschnitt 5,5 bis 6-monatige Praktika, 23 Prozent 2,5 bis 3-monatige und 18 Prozent 4,5 bis 5-monatige Praktika.

7) Monatliche Vergütung der Praktikanten:

Mit 38 Prozent vergütet die Mehrheit der Unternehmen ihre Praktikanten mit 451 Euro bis 600 Euro, 23 Prozent bezahlen sogar zwischen 601 Euro und 800 Euro, bei 19 Prozent der Unternehmen erhalten die Praktikanten 301 Euro bis 450 Euro. Vier Prozent der befragten Unternehmen gaben an, ihren Praktikanten über 800 Euro zu bezahlen, während weitere vier Prozent unentgeltlich beschäftigt.

8) Welche Personalauswahlinstrumente müssen Ihre Praktikanten nach ihrem Praktikum im Falle einer möglichen Festeinstellung durchlaufen?

Hier scheinen sich die an der Umfrage beteiligten Unternehmen fast einig zu sein: Ist im Vorfeld ein Praktikum absolviert worden, folgt als Personalauswahlinstrument für 73 Prozent das Interview. Bei 10 Prozent der Unternehmen werden anschließend überhaupt keine Personalauswahlinstrumente mehr angewandt, bei 7 Prozent werden trotz Praktikum ein Assessment Center sowie ein Interview fällig.

9) Ist das Absolvieren eines Praktikums in Ihrem Unternehmen Einstellungsvoraussetzung für Hochschulabsolventen?

Bei der absoluten Mehrheit von 78 Prozent der Unternehmen muss vor einer Einstellung kein Praktikum absolviert werden. Bei 12 Prozent ist dies teilweise Bedingung, bei 9 Prozent der Unternehmen ist es Pflicht, im Vorfeld einer Festeinstellung ein Praktikum absolviert zu haben.

10) Gibt es in Ihrem Unternehmen ein so genanntes Praktikantenprogramm[16]?

47 Prozent der befragten Unternehmen bieten ihren Praktikanten kein Praktikantenprogramm. 24 Prozent haben ein Praktikantenprogramm implementiert und bei 18 Prozent der Unternehmen ist dies teilweise der Fall. 7 Prozent gaben an, zukünftig ein Praktikantenprogramm einführen zu wollen.

---

[16] Um exzellente Praktikanten bis zu ihrem Studienende an das Unternehmen zu binden und sie später z.B. als Trainee oder Assistent einzustellen, implementieren immer mehr Unternehmen so genannte **Praktikantenprogramme**, bei denen es sich als integrativer Bestandteil des Hochschulmarketings um Förderprogramme mit unterschiedlichen Inhalten handelt.

11) Wenn Ihre Praktikanten ein Praktikantenprogramm durchlaufen können, was beinhaltet dieses?

Die Inhalte der Praktikantenprogramme, die von insgesamt 40 der befragten Unternehmen angeboten bzw. teilweise angeboten werden, gestalten sich gemäß der nachstehenden Grafik wie folgt:

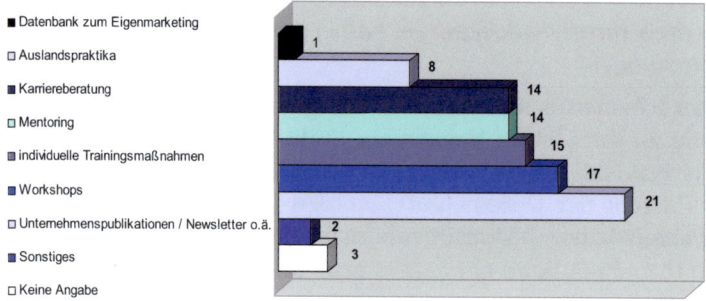

Abb. 4: *Inhalte der Praktikantenprogramme der befragten Unternehmen in absoluten Zahlen* [17]

21 Unternehmen nutzen Unternehmenspublikationen, Newsletter o.ä., 17 Unternehmen bieten ihren Praktikanten Workshops und 16 Prozent individuelle Trainingsmaßnahmen an.

12) Haben Sie einen Praktikantenpool, auf den Sie bei vakanten Stellen zurückgreifen?

53 Prozent der befragten Unternehmen haben keinen Praktikantenpool. 37 Prozent hingegen nutzen einen Praktikantenpool und 9 Prozent planen, einen solchen zukünftig implementieren zu wollen.

---

[17] Das **Mentoring** oder Mentor-Konzept ist in der Praxis vorwiegend von Bedeutung bei der Einarbeitung oder Entwicklung von Führungsnachwuchskräften: Dem Mitarbeiter wird hierbei i.d.R. eine erfahrene Führungskraft (Mentor) als Berater, Ansprechpartner, Förderer o.ä. seiner fachlichen und sozialen Integration im Unternehmen oder in einem neuen Arbeitsgebiet zur Seite gegeben. Büdenbender, Ulrich / Strutz, Hans, (2003), Gabler Kompakt-Lexikon Personal, S. 225

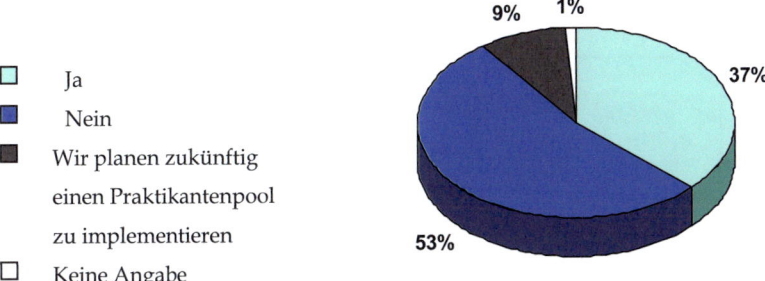

Abb. 5: Existenz eines Praktikantenpools bei den befragten Unternehmen

13) Wird in Ihrem Unternehmen ein zuvor absolviertes Praktikum bei anschließender Festeinstellung berücksichtigt?

Keine Berücksichtigung findet ein zuvor absolviertes Praktikum bei 63 Prozent der an der Umfrage beteiligten Unternehmen. Bei 16 Prozent dieser Unternehmen verkürzt ein Praktikum die anschließende Probe- oder Traineezeit, bei 7 Prozent ist ein höheres Gehalt möglich. 13 Prozent der Unternehmen wollten sich zu dieser Fragestellung nicht äußern.

14) Wenn Sie die Kosten und den Nutzen, den Sie durch Praktikanten im Durchschnitt haben, gegenüberstellen, welche Aussage trifft am ehesten zu?

Für 44 Prozent lohnt es sich überwiegend, für 30 Prozent immer, für 22 Prozent teilweise und nur für ein Unternehmen überhaupt nicht, Praktikanten zu beschäftigen.

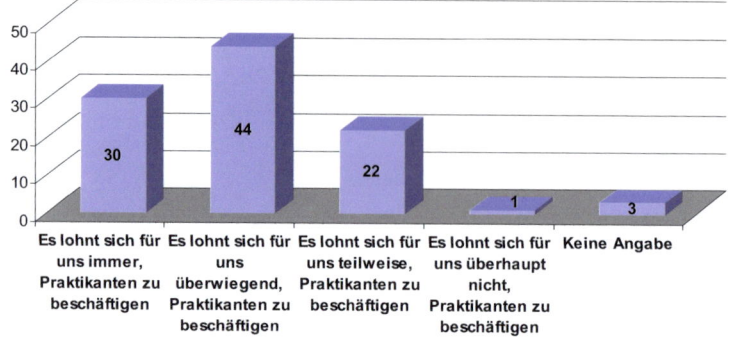

Abb. 6: Unternehmen: Kosten-Nutzen-Verhältnis Praktikum in Prozent

15) Sind Ihnen die Kosten, die Ihnen durch einen Praktikanten im Monat entstehen, bewusst?

36 Unternehmen gaben an, dass ihnen die Kosten bewusst sind. 33 dieser Unternehmen nannten konkrete Zahlen, so dass die durchschnittlichen monatlichen Kosten 967 Euro betragen. Pro Praktikant kommen Kosten in Höhe von 751 Euro bis 1.000 Euro bei 13 Prozent der Unternehmen zusammen. Bei 11 Prozent belaufen sich die monatlichen Gesamtkosten auf 501 Euro bis 750 Euro, jeweils 4 Prozent der Unternehmen gaben an, weniger als 500 Euro bzw. über 1.500 Euro bezahlen zu müssen. 31 Unternehmen sind sich nicht darüber im Klaren, wie hoch ihr finanzieller Aufwand je Praktikant ist, während sich 27 Unternehmen nicht zu dieser Fragestellung äußerten.

16) Wie wichtig ist das Thema Praktikum in Ihrem Unternehmen?

Das Thema Praktikum scheint für die meisten der befragten Unternehmen einen hohen Stellenwert zu besitzen: 46 Prozent gaben an, es sei für sie wichtig und 33 Prozent stufen es sogar als sehr wichtig ein. 21 Prozent der Unternehmen bezeichnen die Thematik als weniger wichtig.

17) Welchen Stellenwert wird das Thema Praktikum zukünftig einnehmen?

Annähernd 2/3 der Unternehmen glauben an einen gleich bleibenden Stellenwert, während sich alle übrigen Unternehmen sogar vorstellen können, dass der Stellenwert zunimmt.

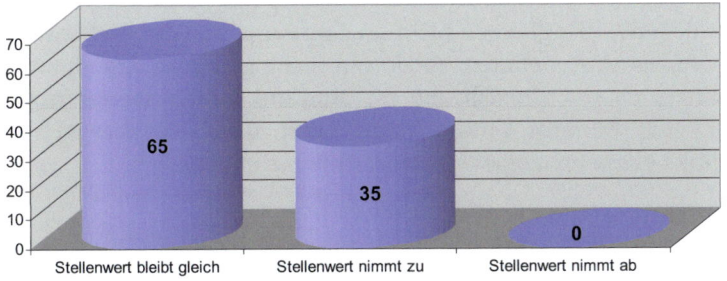

Abb. 7: Stellenwert des Themas Praktikum in der Zukunft aus der Unternehmenssicht

Falls das Thema Praktikum für Sie zukünftig einen höheren oder niedrigeren Stellenwert einnehmen wird, warum glauben Sie, wird dies der Fall sein?

Da kein Unternehmen der Meinung war, dass der Stellenwert abnehmen werde, sind hier nur die qualitativen Äußerungen der 33 Unternehmen wiedergegeben, die an eine Zunahme des Stellenwertes glauben. Der überwiegende Teil trifft diese Annahme vor dem Hintergrund des demografischen Wandels und der damit verbundenen Verknappung von Fachkräften.

„Aufgrund der zunehmenden Nutzbarmachung des Praktikums als Rekrutierungsinstrument für einen späteren Einstieg - ob im Trainee-Programm oder im Direkteinstieg. Wir konnten bereits einige positive Beispiele verzeichnen", lässt ein Finanzdienstleister verlauten. Ein Versicherungsunternehmen gibt an: „Festeinstelllungen werden weniger, aber kurzfristige Engpässe können durch Praktikanten geschlossen werden. Bei Projekten leisten sie gute Arbeit." Ein IT-Dienstleister ist folgender Meinung: „Da es immer schwieriger wird, gute Absolventen mit genau den Fachskills, die wir benötigen, zu bekommen, werden immer mehr Bereiche über Hochschulkontakte Praktikanten gewinnen wollen, um so ihren Bedarf an qualifiziertem Nachwuchs decken zu können." „Der Prozess der Praktikantenabwicklung ist optimierungsbedürftig und lässt sich verbessern. Daher wird in Zukunft mehr Zeit dafür vorgesehen sein, " so die Aussage eines Medienunternehmens. Ein Unternehmen aus der Metall- und Elektroindustrie hingegen ist der Auffassung, dass die Gründe für eine Zunahme des Stellenwertes woanders liegen: „Wir glauben nicht an eine Zunahme des Stellenwertes für uns als Unternehmen, sondern an eine generelle Zunahme von Praktika, da der Praxisbezug im Studium immer weiter zurückgeht." Ein weiteres Unternehmen meint, durch die Vergabe von Praktika einen Imagegewinn verzeichnen zu können.

18) Bis 2010 wird die Umstellung der Hochschulstudiengänge auf das anglo-amerikanische Bachelor-/Master-Modell und der damit beabsichtigten Verkürzung der Studiendauer erfolgt sein. Darüber hinaus wurde im Rahmen des so genannten „Bologna-Abkommens" beschlossen, dass jedes Pflicht-praktikum eine Prüfungsleistung enthalten muss.

Vor diesem Hintergrund glauben 80 Prozent der Unternehmen, gleich viele Praktikanten beschäftigen zu können. 9 Prozent sind sogar der Meinung, ihre Praktikabeschäftiungsverhältnisse zu erhöhen, während 7 Prozent vermuten, aufgrund dieser Umstellung weniger Praktikastellen anzubieten.

19) Durch die erforderliche Prüfungsleistung im Rahmen eines Pflicht-praktikums wird die Personalabteilung zur Prüfungsinstanz bzw. zur Außenstelle des Hochschulprüfungsamtes. Wie stehen Sie dazu?

69 Prozent der Unternehmen haben sich damit noch nicht auseinandergesetzt, sehen dieser Entwicklung aber positiv entgegen, schließlich beinhaltet die erforderliche Prüfungsleistung die Möglichkeit, Lösungsvorschläge für betriebliche Problemstellungen zu erhalten, die nach wissenschaftlichen Kriterien erarbeitet sind. 12 Prozent konnten noch keine Bewertung der Thematik abgeben, da sie sich noch nicht damit beschäftigt haben und neutral eingestellt in die Zukunft blicken, während 7 Prozent bereits darauf vorbereitet sind bzw. dies bereits mit ihren Praktikanten durchführen.

20) Die Praktikanten arbeiten anteilig mit folgenden Mitarbeitern zusammen:

Im Durchschnitt arbeiten die Praktikanten mit 34 Prozent überwiegend mit Sachbearbeitern, gefolgt von Team- bzw. Projektleitern mit 20 Prozent sowie mit Abteilungsleitern zu 13 Prozent zusammen. Ein großer Teil der 19 Prozent, die diesbezüglich keine genauen Angaben machten, merken an, dass ihre Praktika zu individuell durchgeführt werden, um eine pauschale Aussage über den Anteil der Zusammenarbeit treffen zu können.

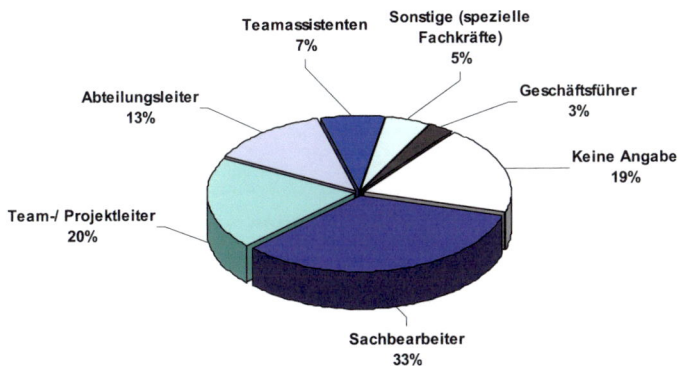

Abb. 8: *Zusammenarbeit der Praktikanten mit folgenden Mitarbeitern in Prozent*

21) Folgende Gespräche werden mit den Praktikanten geführt:

86 der 94 befragten Unternehmen führen mit ihren Praktikanten Einführungsgespräche. An zweiter Stelle stehen Abschlussgespräche, die von 79 der Unternehmen praktiziert werden. Regelmäßige Feedbackgespräche werden von 54 Unternehmen mit ihren Praktikanten geführt. Zielsetzungsgespräche mit Praktikanten finden bei 50 Unternehmen statt. 5 Unternehmen wollten sich dazu nicht äußern.

22) Anteile der Tätigkeiten innerhalb des Praktikums:

Mit durchschnittlich 31 Prozent sind es sowohl Assistenztätigkeiten, Zuarbeiten bzw. administrative Tätigkeiten als auch selbständiges Arbeiten, was die Praktikanten bei einem Praktikum erwartet. Die Durchführung von eigenen Projekten findet zu 23 Prozent im Durchschnitt statt. 15 Prozent der Unternehmen äußerten sich nicht.

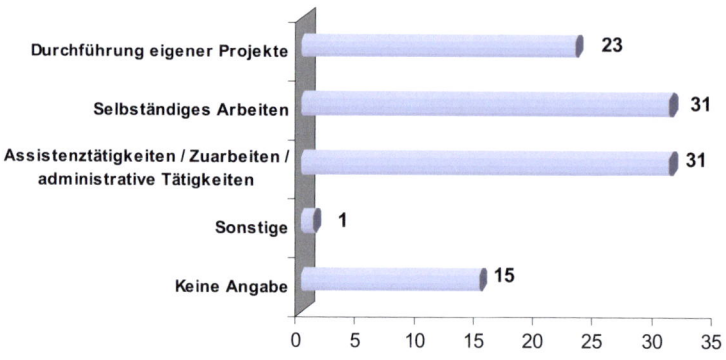

Abb. 9: *Unternehmen: Anteile der Tätigkeiten im Praktikum in Prozent*

23) Während des Praktikums bieten die befragten Unternehmen folgendes:

82 von 94 befragten Unternehmen ermöglichen ihren Praktikanten Zugang zu Wissensportalen, Communities, Datenbanken bzw. dem Intranet. Bei 76 Unternehmen haben die Praktikanten Kontakt zu Geschäftspartnern (Kunden, Lieferanten etc.), bei 67 Unternehmen ist es den Praktikanten grundsätzlich möglich, an internen Meetings teilzunehmen.

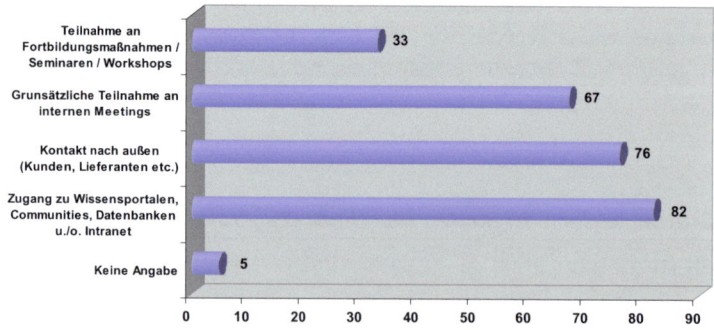

Abb. 10: *Möglichkeiten innerhalb des Praktikums in absoluten Zahlen*

24) Halten Sie es für sinnvoll, die Beschäftigungsart „Praktikum" gesetzlich differenzierter zu reglementieren, z.B. Mindestvergütung, Dauer etc.?

49 Prozent der an der Umfrage beteiligten Unternehmen möchten ihre Praktika individuell gestalten können, 21 Prozent wären für die Schaffung von allgemeingültigen Spielregeln, während sich 18 der befragten Unternehmen für eine gesetzliche Regelung von Mindeststandards, wie beispielsweise dem Gehalt, aussprachen.

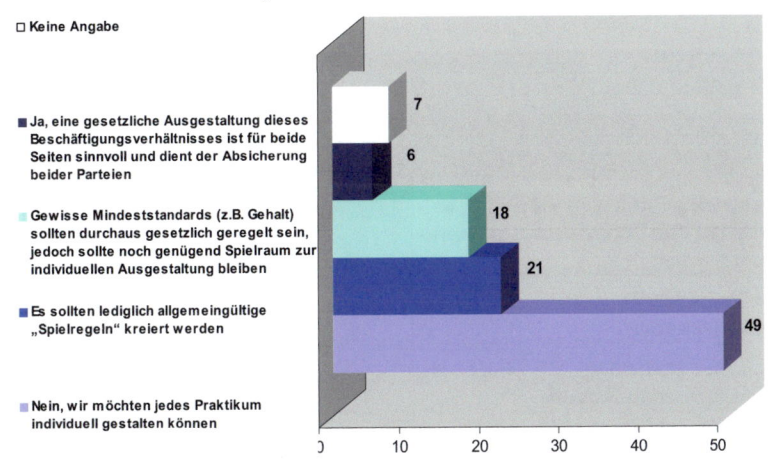

Abb. 11: *Praktika aus Unternehmenssicht: Reglementieren oder individuell gestalten? Angaben in Prozent*

25) Was halten Sie von folgenden Initiativen, die es sich zur Aufgabe gemacht haben, Qualitätsstandards von Praktika zu schaffen bzw. eine Austauschplattform zur Bewertung der Praktikaqualität zu bieten: dem ADC-Praktikantenprogramm, der Initiative Fair Company oder dem Verein fairwork?

Für 38 Prozent der Unternehmen handelt es sich hierbei um völlig unbekannte Ansätze. 18 Prozent halten viel von diesen Ansätzen und sind bei einem dieser Initiativen sogar Mitglied, während wiederum 18 Prozent angegeben haben, diese Ansätze nicht zu kennen, sich aber vorstellen zu können, dass eine Mitgliedschaft bei der einen oder anderen Initiative in Frage kommen könnte. 14 Prozent der befragten Unternehmen wollten sich hierzu nicht äußern.

2.1.4.1 Die Chancen aus Unternehmenssicht

26) Welche Chancen sehen Sie bei dem Thema Praktikum? Bitte vergeben Sie die Noten 1 (sehr große Chance), 2 (große Chance), 3 (geringe Chance) bis 4 (keine Chance):

Generell wenige bis gar keine Chancen bei einem Praktikum sieht keines der 94 befragten Unternehmen. Zwei Unternehmen wollten sich zu dieser Fragestellung nicht äußern, während die restlichen 92 Unternehmen die Chancen durch Praktika analog der folgenden Tabelle einschätzen:

Chancen durch Praktika: Einschätzung der Unternehmen in Prozent	Sehr große Chance (1)	Große Chance (2)	Geringe Chance (3)	Keine Chance (4)
Frühzeitig Studenten / High Potentials auf das Unternehmen aufmerksam machen	56	31	6	4
Strategisches Instrument zur Personalgewinnung	36	45	13	4
Imageverbesserung / Steigerung Arbeitgeberattraktivität	35	46	15	2
Anregungen, Impuls- und Wissenstransfer, neue Denkanstöße	17	50	27	4
Wertschöpfung durch überwiegend leistungsstarke und gut ausgebildete Studenten	13	53	22	10
Erledigung von Aufgaben, die sonst eher liegen bleiben	11	35	29	23
Wir sehen generell wenige bis gar keine Chancen bei einem Praktikum	0			
Keine Angabe	2			

Abb. 12: Chancen durch Praktika – Einschätzung der Unternehmen in Prozent

Mit insgesamt 87 Prozent - und damit an erster Stelle - sehen die befragten Unternehmen eine sehr große bzw. große Chance durch Praktika frühzeitig Studenten bzw. High Potentials auf das Unternehmen aufmerksam machen zu können. An zweiter Stelle gilt das Praktikum für 81 Prozent zum einen als strategisches Instrument zur Personalgewinnung und zum anderen als Möglichkeit zur Imageverbesserung und Steigerung der Arbeitgeberattraktivität mit sehr großen bzw. großen Chancen. Durch Praktika Anregungen, neue Impulse und Denkanstöße zu erhalten sowie einen Wissenstransfer zwischen Hochschule und Praxis generieren zu können, sehen insgesamt 69 Prozent der Unternehmen als sehr große oder große Chance an. 2/3 der befragten Unternehmen sehen eine sehr große bzw. große Chance, zum einen durch Praktika eine Wertschöpfung durch überwiegend leistungsstarke und gut ausgebildete Studenten zu erhalten, zum anderen durch sie Anregungen, Impuls- und Wissenstransfer bzw. neue Denkanstöße zu erhalten. Das Schlusslicht bildet mit 46 Prozent, die sehr große oder große Chance, durch Praktika Aufgaben erledigen zu können, die sonst eher liegen bleiben.

2.1.4.2 Die Risiken aus Unternehmenssicht

27) Welche Risiken sehen Sie bei dem Thema Praktikum? Bitte vergeben Sie hier Noten von 1 (sehr großes Risiko), 2 (großes Risiko), 3 (geringes Risiko) bis 4 (kein Risiko):

Bezüglich der Risiken, die bei Unternehmen als Praktikageber entstehen könnten, sehen 17 Prozent der befragten Unternehmen generell wenige bis gar keine Risiken bei einem Praktikum. Die Beurteilung der übrigen Unternehmen lässt sich aus folgender Tabelle entnehmen:

Risiken durch Praktika: Einschätzung der Unternehmen in Prozent	Sehr großes Risiko (1)	Großes Risiko (2)	Geringes Risiko (3)	Kein Risiko (4)
Aufwand übersteigt Nutzen	5	17	41	20
Imageverlust / Reduzierung der Arbeitgeberattraktivität	1	1	19	63
Wissensverlust / vertrauliche Daten können nach außen/zur Konkurrenz gelangen	1	9	56	18
Störung des Arbeitsprozesses	2	12	51	18
Praktikum nützt eher dem Praktikant als dem Unternehmen	1	18	43	22
Wir sehen generell wenige bis gar keine Risiken bei einem Praktikum	17			
Keine Angabe	1			

Abb. 13: Risiken durch Praktika – Einschätzung der Unternehmen in Prozent

An erster Stelle der möglichen Risiken steht mit insgesamt 22 Prozent, dass bei der Durchführung des Praktikums der Aufwand für das Unternehmen größer als dessen Nutzen sein könnte. Mit 19 Prozent ist das zweithöchste Risiko, dass das Praktikum eher dem Praktikanten als dem Unternehmen nützt. Hier gab es allerdings auch ein Unternehmen, dass anmerkte, dies sei kein Risiko, sondern sogar erwünscht. Die Störung des Arbeitsprozesses stellt für 14 Prozent der Unternehmen ein sehr großes bzw. großes Risiko dar. Den möglichen Wissensverlust bzw. das Gelangen von vertraulichen Informationen an Dritte bzw. die Konkurrenz empfinden 10 Prozent als sehr großes oder großes Risiko. Kaum ein Unternehmen hegt die Befürchtung, dass durch Praktika – insbesondere durch schlecht durchgeführte Praktika oder unzufriedene Praktikanten – ein Imageverlust oder die Reduzierung der Arbeitgeberattraktivität erfolgen kann. Generell wenige bis gar keine Risiken sehen 17 Prozent der befragten Unternehmen, während sich ein Prozent nicht zu dieser Fragestellung äußern wollte.

2.2. Die Befragung der Praktikanten

Zielsetzung der Befragung der Praktikanten

Zielsetzung der Befragung der Praktikanten war es, Auskünfte über die Erfahrungen, die sie während ihres Praktikums gesammelt haben, zu erhalten. Dazu wurden insgesamt 30 Studenten – überwiegend aus dem Fachbereich Wirtschaft der Fachhochschule Wiesbaden – gebeten, einen Fragebogen[18] auszufüllen. Da alle Studenten bereit waren, an der Umfrage teilzunehmen, beträgt die Grundgesamtheit 30. Der Fragebogen beinhaltet 34 Fragestellungen, wobei sich 24 der Fragestellungen auf die Fragen, die den Unternehmen gestellt wurden, beziehen. Somit ist ein Aussagenvergleich innerhalb dieser beiden Zielgruppen möglich. Die Befragung wurde im Zeitraum April 2006 durchgeführt.

Methodische Vorgehensweise

Die empirische Erhebung, die schriftlich durchgeführt wurde, bestand bei dem Fragebogen für die Praktikanten aus 32 quantitativen und 3 qualitativen Fragestellungen.

Allgemeine Merkmale der Teilnehmer

Mit 63 Prozent nahmen überwiegend weibliche Personen an der Befragung teil. Das Durchschnittsalter lag bei 26 Jahren, was dafür spricht, dass das Praktikum, auf die sich die jeweiligen Angaben beziehen, eher am Ende der Hochschulausbildung lag. Auffällig ist hierbei, dass die befragten Praktikanten ihr Praktikum überwiegend in mittelständischen oder großen Unternehmen absolviert haben. Dabei war jeder fünfte von ihnen bei einem Beratungsdienstleister (u.a. Wirtschaftsprüfung, Consulting, Unternehmensberatung etc.).

1) Klassifizierung der Praktika nach Mitarbeiterzahl des Unternehmens:

Ein Drittel der befragten Studenten absolvierten ihr Praktikum in Großunternehmen mit mehr als 10.001 Mitarbeitern. In mittelständischen Unternehmen mit 50 bis 500 Mitarbeitern waren 24 Prozent von ihnen beschäftigt. 13 Prozent haben ihr Praktikum bei Kleinunternehmen mit 10 bis 49 Unternehmen absolviert.

---

[18] Siehe Fragebogen Praktikanten Anlage A. 4, Dokument 50 auf der Diplom-CD

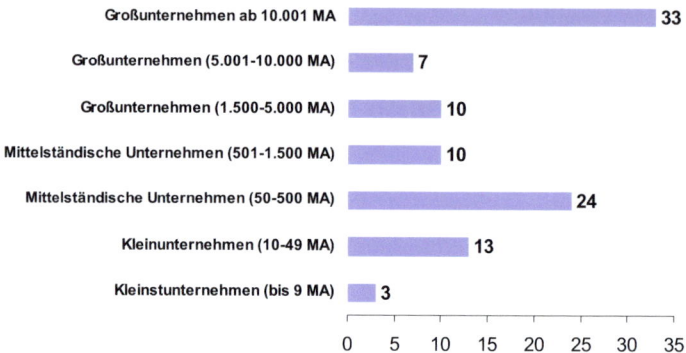

Abb. 14: *Befragte Praktikanten nach Mitarbeiterzahl der Praktikumsstelle klassifiziert in Prozent*

2) Verhältnis Mitarbeiter - Praktikant

Mit 47 Prozent konnte fast die Hälfte der befragten Studenten keine Angaben dazu machen, wie viele Praktikanten ihr Praktikumsgeber jährlich durchschnittlich beschäftigt. Bei 20 Prozent beträgt das Verhältnis 10 Mitarbeiter zu einem Praktikanten, bei 13 Prozent gibt es einen Praktikanten auf 10 bis 50 Mitarbeiter, bei weiteren 13 Prozent kommt ein Praktikant auf 51 bis 100 Mitarbeiter.

3) Klassifizierung der Praktikastellen nach Branchen:

Die an der Umfrage beteiligten ehemaligen Praktikanten waren mit 20 Prozent überwiegend bei Beratungsdienstleistern beschäftigt. [19]An zweiter Stelle stehen Unternehmen der Medienbranche mit 13 Prozent, den dritten Platz teilen sich mit jeweils 10 Prozent die Finanzdienstleister, die Pharmaindustrie, Unternehmen der Luft- und Schifffahrt sowie sonstige Unternehmen, unter die z.B. Museen fallen.

---

[19] Unter der Branche der **Finanzdienstleistungen** sind die Angaben von Banken und Versicherungen zusammengefasst. Unter den Begriff der **verarbeitenden Industrie** fallen Unternehmen der Metall-/ Elektroindustrie, Maschinenbau, Chemie-/ Baustoffindustrie, Windkraft-/ Reifenherstellung. Der **Handel** setzt sich aus dem Einzel-/ Groß- und Außenhandel zusammen. Wirtschaftsprüfung, Consulting, Personal-/ IT-/ Media-Beratung und Werbung bilden den Bereich der **Beratungsdienstleistungen**. Unter **Medien** fallen alle Unternehmen im Bereich Funk, Film, Fernsehen und Verlagswesen.

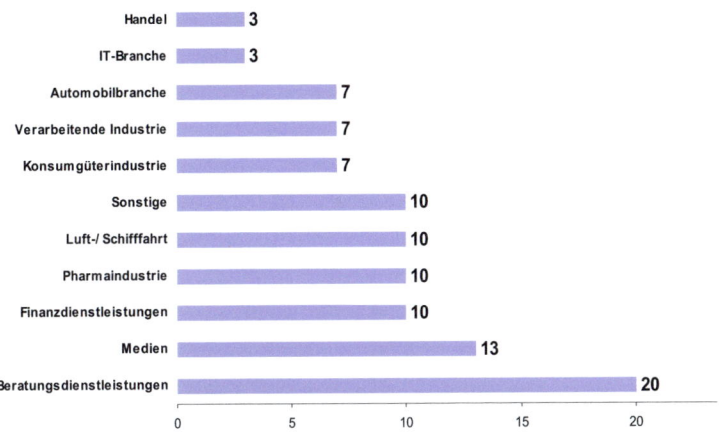

Abb. 15: Befragte Praktikanten nach Branche der Praktikumsstelle klassifiziert in Prozent

Fragenkatalog und Darstellung der Ergebnisse

3) Was war bei Ihrer Entscheidung für diese Praktikumsstelle sehr wichtig (1), wichtig (2), weniger wichtig (3) bis unwichtig (4)?

Auch wenn die Ergebnisse aufgrund des hohen Individualitätsgrades dieser Fragestellungen nicht immer eindeutig zu erkennen sind, so lässt sich jedoch festhalten, dass die wichtigsten Auswahlkriterien in folgender Reihenfolge genannt wurden: „Image", „Jobaussichten und Aufstiegsmöglichkeiten", „Standort", „Branche", „Markterfolg", „Aussicht auf das Schreiben der Untersuchung bzw. Thesis", die „Produkte und Dienstleistungen" sowie die „Unternehmensphilosophie-/ kultur" sind bei der Mehrheit der Befragten von sehr wichtig bis wichtig eingestuft worden. Hierbei hebt sich besonders der „Standort" hervor, der mit 40 Prozent das Kriterium darstellt, was am stärksten als „sehr wichtig" bezeichnet wurde.

In der nachstehenden Reihenfolge werden nun die Kriterien genannt, die durch eine mehrheitliche Einstufung in weniger wichtig bis unwichtig eine eher untergeordnete Rolle bei der Auswahl der Praktikumsstelle spielen: „Praktikumsvergütung", „gesunden Ertragslage", „internationalen Ausrichtung" und „Arbeitsplatzsicherheit" sind bei der Auswahl eher weniger entscheidend. Neutral hingegen sind die Ergebnisse bei den Fragen nach dem

Praktikantenprogramm und der Unternehmensgröße: jeweils 50 Prozent stufen es als sehr wichtig bis wichtig, bzw. als weniger wichtig bis unwichtig ein. Das nachfolgende Schaubild verdeutlicht die Resultate im Einzelnen:

Auswahlkriterien Praktikumsstelle	Sehr wichtig (1)	Wichtig (2)	Weniger wichtig (3)	Unwichtig (4)
Image	27	57	13	3
Branche	30	33	27	10
Unternehmensphilosophie /-kultur	13	40	40	7
Produkte / Dienstleistungen	23	33	33	10
Markterfolg	7	53	33	7
Gesunde Ertragslage	3	30	47	20
Größe (Umsatz/Mitarbeiter)	10	40	33	17
Standort	40	27	20	13
Jobaussichten / Aufstiegsmöglichkeiten	27	50	20	3
Praktikumsvergütung	10	20	53	17
Aussicht auf das Schreiben der Untersuchung/Thesis	23	37	20	20
Praktikantenpgrogramm	7	43	27	23
Arbeitsplatzsicherheit	7	40	40	13
Internationale Ausrichtung	20	23	47	10

Abb. 16: *Auswahlkriterien Praktikumsstelle in Prozent*

4) Wie vielen dieser Praktikanten wird nach dem Praktikum ein Angebot für ein festes Angestelltenverhältnis unterbreitet?

Die Hälfte der befragten Studenten konnte hierzu keine Aussage treffen. 27 Prozent gaben an, dass in der Regel weniger als 25 Prozent ein Angebot für ein festes Angestelltenverhältnis gemacht wird. 13 Prozent glauben, dass jeder vierte Praktikant die Möglichkeit erhält, in bei dem Praktikageber im Anschluss an das Praktikum tätig werden zu können.

5) Wurde Ihnen nach dem Praktikum in diesem Unternehmen ein Angebot zur Festeinstellung gemacht?

Mit 63 Prozent konnte sich für die Mehrheit der studentischen Praktikanten im Anschluss an das Praktikum kein festes Beschäftigungsverhältnis ergeben. 23 Prozent bekamen dieses Angebot für ein normales Angestelltenverhältnis, 7 Prozent erhielten die Möglichkeit, als Trainee bzw. Volontär einzusteigen, während sich weitere 7 Prozent zu dieser Fragestellung nicht äußern wollten.

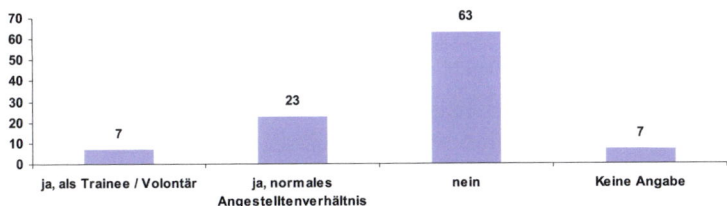

Abb. 17: *Angebot Festeinstellung im Anschluss an das Praktikum in Prozent*

6) Wenn Ihnen ein Einstellungsangebot unterbreitet wurde, werden Sie es annehmen?

56 Prozent der befragten Praktikanten, denen im Anschluss an ihr Praktikum ein Jobangebot gemacht wurde, wussten zum Zeitpunkt der Umfrage noch nicht, ob sie diese Möglichkeit annehmen werden. Für 33 Prozent ist der Praktikageber auch gleichzeitig der zukünftige Arbeitgeber, während 11 Prozent nicht in ihrem Praktikumsunternehmen tätig werden möchten.

7) Wie viele dieser Praktikanten erhalten die Möglichkeit, eine Untersuchung/Thesis in Kooperation mit dem Unternehmen zu schreiben?

Bei dieser Fragestellung verhält es sich ähnlich wie bei der Frage nach dem Angebot für eine Festeinstellung: 43 Prozent der Befragten war es nicht möglich, hierzu Angaben zu machen. 23 Prozent glauben, dass weniger als 25 Prozent der Praktikanten diese Möglichkeit erhalten. 13 Prozent hingegen gaben an, dass ca. 75 Prozent der Praktikanten eine Zusammenarbeit bezüglich der Erstellung der Untersuchung angeboten bekommen. Für 10 Prozent der befragten Studenten scheint das nur bei jedem vierten Praktikanten der Fall gewesen zu sein.

8) Bekamen Sie die Möglichkeit, in diesem Unternehmen Ihre Untersuchung / Thesis zu schreiben?

Mit 63 Prozent bekam eine eindeutige Mehrheit der Befragten das Angebot, die Untersuchung in Kooperation mit dem Praktikageber zu schreiben. 30 Prozent mussten dies verneinen, 7 Prozent wollten sich hierzu nicht äußern.

9) Die Praktikumsdauer

betrug bei 33 Prozent zwischen 5,5 und 6 Monaten. 27 Prozent der befragten Praktikanten waren 3,5 bis 4 Monate in ihrem Praktikumsunternehmen, für 17 Prozent dauerte das Praktikum 4,5 bis 5 Monate. Die durchschnittliche Praktikumsdauer aller befragten Praktikanten betrug 4,7 Monate.

10) Die monatliche Praktikumsvergütung

betrug für 33 Prozent der Befragten zwischen 451 Euro und 600 Euro. 27 Prozent gaben an, zwischen 601 Euro bis 800 Euro monatlich erhalten zu haben, für 20 Prozent gab es zwischen 151 Euro bis 300 Euro. Für 10 Prozent gab es keine Vergütung.

11) Falls Sie Interesse an einer Festeinstellung in dem Unternehmen hätten, welches Personalauswahlinstrument müssten Sie durchlaufen?

Mit 43 Prozent wurde von fast der Hälfte der Befragten das Interview als das Personalauswahlinstrument genannt, das im Anschluss an ein Praktikum bei einer Festeinstellung durchlaufen werden müsste. Für 13 Prozent gibt es nach dem Praktikum kein weiteres Auswahlinstrument, während auf 10 Prozent ein Assessment Center wartet.

12) Ist das Absolvieren eines Praktikums in dem Unternehmen Einstellungsvoraussetzung für Hochschulabsolventen?

Eindeutig „nein" heißt es bei 70 Prozent der Praktikanten. 23 Prozent gaben an, dass dies teilweise der Fall sei, 7 Prozent bejahten diese Fragestellung.

13) Gibt es in dem Unternehmen ein so genanntes Praktikantenprogramm?

Bei 43 Prozent der befragten Praktikanten bot der Praktikageber ein Praktikantenprogramm an. 37 Prozent verneinten diese Frage während es 20 Prozent nicht bekannt war.

14) Wenn es ein Praktikantenprogramm gibt, was beinhaltet dieses?

Mit jeweils 23 Prozent wurden im Rahmen eines Praktikantenprogrammes überwiegend Unternehmenspublikationen/Thesis o.ä. sowie Mentoring angeboten. An zweiter Stelle kommen mit 17 Prozent Workshops, auf dem dritten Platz sind es mit 14 Prozent Auslandspraktika, durch die die Unternehmen ihre Praktikanten an das Unternehmen binden möchten.

15) Hat das Unternehmen einen Praktikantenpool, auf den es bei vakanten Stellen zurückgreift?

43 Prozent der Befragten konnten hierzu keine Angabe machen. 33 Prozent hingegen gaben an, dass das Unternehmen keinen Praktikantenpool hat. Bei 23 Prozent der Praktikanten verfügte der Praktikageber über ein solches Instrument.

16) Wird in dem Unternehmen ein zuvor absolviertes Praktikum bei anschließender Festeinstellung berücksichtigt?

Bei dieser Frage konnten 70 Prozent der befragten Studenten keine Aussage treffen. Bei 20 Prozent findet ein zuvor absolviertes Praktikum keine Berücksichtigung bei einer Festeinstellung, bei 10 Prozent wird die Praktikumszeit auf die anschließende Probezeit angerechnet und verkürzt diese entsprechend.

17) Welche der Zielsetzungen waren Ihnen sehr wichtig (1), wichtig (2), weniger wichtig (3) bis unwichtig (4)?

An erster Stelle stand bei den Praktikanten, durch das Praktikum allgemeine Berufserfahrung sammeln zu können, gefolgt davon, ihre Studienkenntnisse in die Praxis umsetzen zu können. Auch das Absolvieren des berufspraktischen Semesters war eine überwiegend sehr wichtige oder wichtige Zielsetzung. Die Ziele, dabei den potentiellen Wunscharbeitgeber zu testen sowie ein Unternehmen für eine praxisorientierte Untersuchung bzw. Thesis zu gewinnen, waren sowohl wichtig als auch weniger wichtig.

Zielsetzung Praktikum	Sehr wichtig (1)	Wichtig (2)	Weniger wichtig (3)	Unwichtig (4)
Allgemeine Berufserfahrung sammeln	70	30	0	0
Studienkenntnisse in die Praxis umsetzen	50	40	7	3
Unternehmen für eine praxisorientierte Untersuchung / Thesis gewinnen	13	33	30	23
Absolvieren des berufspraktischen Semesters	53	30	7	10
Testen des potentiellen Wunsch-Arbeitgebers	27	33	30	10

Abb. 18: *Zielsetzung Praktikum in Prozent*

18) Wenn Sie den Aufwand und den Nutzen, den Sie durch Ihr Praktikum hatten, gegenüberstellen, welche Aussage trifft am ehesten zu?

Für den größten Teil der Praktikanten hat sich mit 63 Prozent das Praktikum sehr gelohnt. Bei 20 Prozent hat es sich teilweise, bei 13 Prozent überwiegend gelohnt, 3 Prozent der befragten Studenten gaben an, das Praktikum habe sich nicht gelohnt.

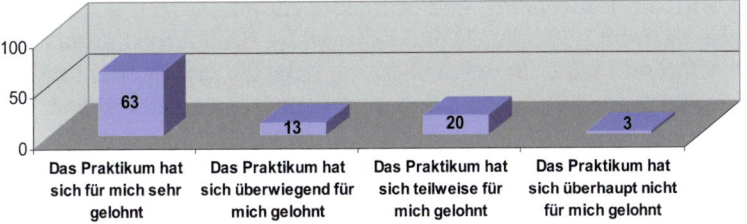

Abb. 19: Praktikanten: Kosten-Nutzen-Verhältnis Praktikum in Prozent

19) Was ist in Ihrem Praktikum besonders gut gelaufen?

Zu dieser qualitativen Fragestellung äußerten sich 77 Prozent der Befragten. Der überwiegende Teil von ihnen gab an, dass das eigenverantwortliche Arbeiten sowie ein hohes Arbeitspensum und die Behandlung als gleichwertiges Teammitglied, positive Aspekte ihres Praktikums waren. Eine Student, der sein Praktikum in einem Chemiekonzern absolviert hatte, teilte mit: „Ich hatte interessante Aufgaben zur eigenständigen Erledigung, eine gute Zusammenarbeit mit allen Mitarbeiter der Abteilung, es gab regelmäßige Feedbackgespräche mit dem Tutor. Fazit: Gute Praktikumsbetreuung." Eine weitere Studentin, die in einem Marktforschungsinstitut beschäftigt war, ließ verlauten: „Ich hatte die Möglichkeit, Projekte eigenständig zu betreuen und durfte an vielen Meetings teilnehmen." „Ich hatte am Ende meines Praktikums ein sehr gutes Feedbackgespräch bekommen", so eine Studentin, die in einem Konsumgüterindustrieunternehmen ihr Praktikum absolvierte.

20) Was ist in Ihrem Praktikum eher schlecht gelaufen?

Hierzu äußerten sich insgesamt 70 Prozent der ehemaligen Praktikanten. Als negative Umstände wurden hierbei überwiegend eine mangelhafte Einarbeitung oder zeitweilig zu geringes Arbeitsaufkommen, zu wenige Hintergrundinformationen, keine oder zu geringe Bezahlung sowie das Anfallen von Überstunden genannt.

Eine Studentin, die ihr Praktikum in der Automobilbranche absolvierte, beschrieb ihre negativen Erfahrungen wie folgt: „Die Abteilung hatte bisher keine Erfahrung mit Praktikanten. Dementsprechend war die Einweisung und Aufgabenverteilung sehr schlecht. Ich habe mich oft gelangweilt und selbständig nach Arbeit gesucht. Selbst während meiner Berufsausbildung habe ich mehr gelernt und wurde mehr gefordert als dort. Es war eher ein reines Zeitabsitzen."

Ein weiteres Statement einer Studentin im Bereich der Marktforschung lautete: „Teilweise geringe Anbindung an das Team durch eine Vielzahl an Praktikanten und studentischen Mitarbeitern, die quasi ein Team im Team bildeten. Zudem fehlte mir generell eine Integration in das Team bei Teamsitzungen und die Anbindung in das allgemeine Tagesgeschäft, um einen Gesamtzusammenhang erkennen zu können. Es gibt zwar ein Mentorensystem, aber tatsächlich existiert dieses nur auf dem Papier".

21) Was macht ein gutes Praktikum für Sie aus?

Hierzu äußerten sich insgesamt 80 Prozent der befragten Praktikanten. Die meisten nennen hierbei eigenverantwortliches Arbeiten, anspruchsvolle Aufgabenstellungen und schnelle Teamintegration als die Kriterien, die ein gutes Praktikum auszeichnen. Eine Student beschreibt es wie folgt: „…dass man immer eine Ansprechperson hat, zu vielen Meetings mitgenommen wird und so viel vom Alltagsgeschäft mitbekommt, aber auch selbst kleinere Projekte übernehmen darf und so selbständig arbeiten kann." Eine andere Studentin merkt an: „Der Praktikant sollte als vollwertiges Mitglied und nicht als Praktikant gesehen werden, die Teilnahme an allen relevanten Besprechungen, regelmäßige Feedbackgespräche sowie Kontakt zu Entscheidern sind weitere Aspekte für ein gelungenes Praktikum."

22) Glauben Sie, wenn das Unternehmen einen Leitfaden zur optimalen Praktikagestaltung verwenden würde, wäre der Ablauf Ihres Praktikums optimaler verlaufen?

33 Prozent glauben an eine Verbesserung der Durchführung ihres Praktikums mit Hilfe eines strukturierten Leitfadens. 27 Prozent der Befragten gaben an, dass das Unternehmen Praktika bereits optimal strukturiert und sinnvoll durchführt, während 23 Prozent diesbezüglich keine Einschätzung vornehmen können. 17 Prozent wiederum verneinen diese Fragestellung.

23) Sie fühlten sich im Praktikum

Gefordert – aber auch gefördert, meinten 80 Prozent der befragten Praktikanten. Jeweils 10 Prozent fühlten sich unterfordert bzw. überfordert und unterfordert zugleich.

24) Wie wichtig ist nach Ihrer Einschätzung das Thema Praktikum für das Unternehmen?

Knapp die Hälfte der Befragten ist mit 47 Prozent der Meinung, dass das Thema Praktikum für den Praktikageber sehr wichtig sei. 43 Prozent glauben, er sei wichtig. 7 Prozent schätzen das Thema als weniger wichtig – 3 Prozent sogar als überhaupt nicht wichtig - ein.

25) Welchen Stellenwert wird im Allgemeinen das Thema Praktikum Ihrer Meinung nach zukünftig einnehmen?

Jeweils die Hälfte der Befragten glaubt an einen gleich bleibenden bzw. zunehmenden Stellenwert. An einen zukünftig geringeren Stellenwert des Themas Praktikum glaubt hingegen keiner der ehemaligen Praktikanten.

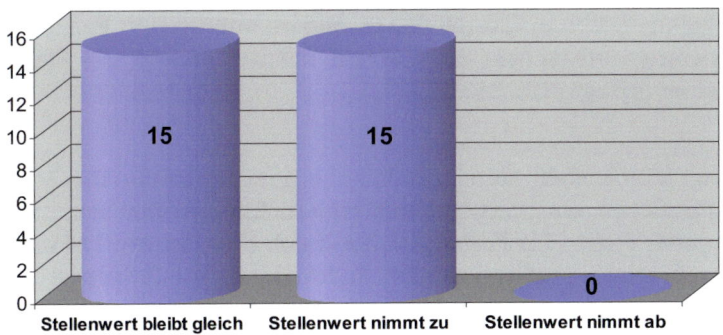

Abb. 20: Stellenwert des Themas Praktikum in der Zukunft aus der Praktikantensicht

Falls Sie der Meinung sind, dass das Thema Praktikum zukünftig einen höheren oder niedrigeren Stellenwert einnehmen wird, warum glauben Sie, wird dies der Fall sein?

Hierzu äußerten sich alle 15 Befragten, die annahmen, dass der Stellenwert zukünftig steigen wird. Auszugsweise werden hier die Begründungen als Zitat wiedergegeben: „Leider deshalb, weil Unternehmen Praktikanten als preiswerte Arbeitnehmer ausnutzen", lässt eine ehemalige Praktikantin verlauten. „Viele Unternehmen testen auf diese Weise schon potentielle Arbeitnehmer und erhalten Kontakt zu diesen. Andere Unternehmen sehen es aber auch als ihre Philosophie an, Praktikanten einen Einblick ins Unternehmen zu geben. Allerdings gibt es auch Unternehmen, die Praktika dazu ausnutzen, feste Arbeitsplätze einzusparen, was natürlich nicht wirklich fair ist, " so eine weitere befragte Studentin dazu. Ein anderer Praktikant sieht die Zunahme des Stellenwertes der Praktika in der Arbeitsmarktlage begründet: „Weil durch die angespannte Arbeitsmarktlage ein Praktikum fast schon als Einstiegskriterium dient: Blättert man heute eine Tageszeitung mit Stellenanzeigen auf, findet man kaum noch Stellenanzeigen, die nicht explizit um Bewerbungen bitten, die Praktika im jeweiligen Branchengebiet vorweisen können".

„Aufgrund der Zunahme der praxisintegrierenden Studiengänge, die hohen Einschätzungspotentiale, die bezüglich des neuen Mitarbeiters durch Praktika gegeben sind sowie die Möglichkeit für Unternehmen, sich aufgrund dessen andere aufwendige Personalrekrutierungsmaßnahmen ersparen zu können", lautet das Statement einer befragten Studentin.

Die Möglichkeit, durch Praktika Nachwuchskräfte für Führungspositionen entsprechend der Unternehmenskultur heranzuziehen oder Stellen für Festangestellte durch Praktikanten fluktuierend zu besetzen, sind weitere Begründungen für die Zunahme des Stellenwertes. Auch vor dem Hintergrund, durch diese Art der Praxiserfahrung das lernen zu können, was das Studium nicht vermitteln kann: nämlich das Gelernte auch umzusetzen sowie aufgrund der persönlichen Orientierungsmöglichkeiten die durch Praktika gegeben sind, glauben weitere Studenten an eine Zunahme des Stellenwertes.

26) Was ist Ihnen bei einem Praktikum sehr wichtig (1), wichtig (2), weniger wichtig (3) bis unwichtig (4)?

Alle befragten Praktikanten gaben an, dass die Möglichkeit zum Eigenständigen Arbeiten sehr wichtig bzw. wichtig ist, somit ist dies das wesentlichste Kriterium bei der Durchführung von Praktika. An zweiter Stelle steht mit insgesamt 93 Prozent, zum einen die Teilnahme an Meetings, zum anderen regelmäßige Feedbackgespräche. Der direkte Kontakt zu Führungskräften, Abteilungs- oder Teamleitern ist mit 87 Prozent das drittwichtigste Kriterium. Weniger wichtig bis unwichtig hingegen ist für 70 Prozent der Befragten das Vorhandensein eines Praktikantenprogrammes. Die Möglichkeit, eine Untersuchung oder Thesis mit dem Praktikadurchführenden Unternehmen zu schreiben, kann keine eindeutige Position einnehmen: für je 50 Prozent der Befragten ist dies sowohl sehr wichtig bis weniger wichtig als auch weniger wichtig bis unwichtig. Die Teilnahme an Schulungen bzw. Weiterbildungsmöglichkeiten bezeichneten 30 Prozent als weniger wichtig bis unwichtig.

Inhaltliche Kriterien Praktikumsdurchführung	Sehr wichtig (1)	Wichtig (2)	Weniger wichtig (3)	Unwichtig (4)
Direkter Kontakt mit Führungskräften / Abteilungs-/ Teamleitern	47	40	13	0
Vorhandensein eines Praktikumsbeauftragten / Mentors	50	27	17	7
Möglichkeit zum Eigenständigen Arbeiten	87	13	0	0
Teilnahme an Meetings	43	50	7	0
Teilnahme an Schulungen / Weiterbildungsmöglichkeiten	23	47	30	0
Kontakt nach außen (Lieferanten, Kunden etc.)	23	50	17	10
Regelmäßige Feedbackgespräche	60	33	7	0
Umsetzbarkeit der Studieninhalte in die Praxis	23	50	13	13
Praktikantenprogramm	0	30	63	7
Möglichkeit, Untersuchung / Thesis mit dem Unternehmen zu schreiben	17	33	37	13

Abb. 21: *Inhaltliche Kriterien bei der Durchführung des Praktikums in Prozent*

27) Zusammenarbeit der Praktikanten mit folgenden Mitarbeitern:

Bei dieser Fragestellung gaben die Praktikanten an, während ihres Praktikums zu jeweils 23 Prozent sowohl mit Sachbearbeitern als auch mit Team- bzw. Projektleitern zusammen zu arbeiten. 17 Prozent ihrer Tätigkeiten führen sie in Verbindung mit Teamassistenten, 14 Prozent mit Abteilungsleitern aus.

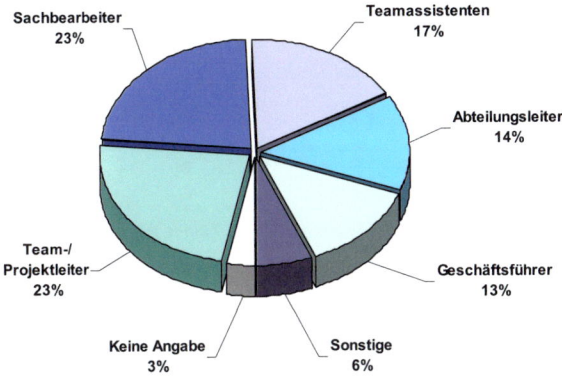

Abb. 22: Praktikanten: Zusammenarbeit mit folgenden Mitarbeitern in Prozent

28) Während Ihres Praktikums wurden mit Ihnen folgende Gespräche geführt:

Bei allen befragten ehemaligen Praktikanten gab es ein Einführungsgespräch. Abschlussgespräche gab es bei 25 der Befragten. 17 teilten mit, dass es innerhalb ihres Praktikums Zielsetzungsgespräche gab, regelmäßige Feedbackgespräche wurden bei der Hälfte der Praktikanten durchgeführt.

29) Anteile der Tätigkeiten der Praktikanten in Prozent:

Mit 44 Prozent überwiegt das selbständige Arbeiten, gefolgt von Assistenztätigkeiten, Zuarbeiten bzw. administrative Tätigkeiten, die einen Anteil von 33 Prozent haben. Die Durchführung eigener Projekte bildet mit 22 Prozent das Schlusslicht innerhalb der Tätigkeiten eines durchschnittlichen Praktikums bei den befragten Praktikanten.

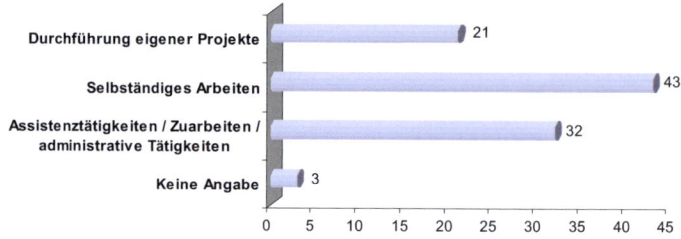

Abb. 23: *Praktikanten: Anteile der Tätigkeiten im Praktikum in Prozent*

30) Während des Praktikums

hatten alle befragten Praktikanten Zugang zu Wissensportalen, Communities, Datenbanken u./o. Intranet. 22 von ihnen durften grundsätzlich internen Meetings beiwohnen, 19 Praktikanten hatten Kontakt nach außen, d.h. zu Lieferanten bzw. Kunden. An Fortbildungsmaßnahmen, Seminaren bzw. Workshops nahmen 12 der Befragten teil.

31) Halten Sie es für sinnvoll, die Beschäftigungsart „Praktikum" gesetzlich differenzierter zu reglementieren z.B. Mindestvergütung, Dauer etc.?

Mit 30 Prozent ist die überwiegende Mehrheit dafür, lediglich allgemeingültige Spielregeln zu schaffen. 27 Prozent der Befragten sprechen sich sowohl für eine gesetzliche Ausgestaltung des Beschäftigungsverhältnisses „Praktikum" aus, als auch dafür, zwar gewisse Mindeststandards reglementieren zu wollen, aber noch genügend Spielraum zur individuellen Ausgestaltung zu bewahren. Gegen eine gesetzliche Reglementierung und für eine individuelle Ausgestaltung sind 16 Prozent der befragten Praktikanten.

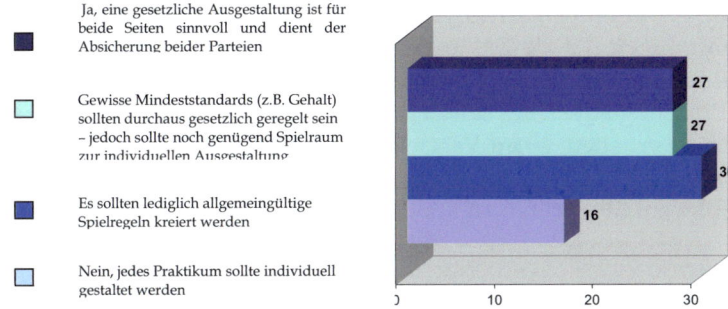

*Abb. 24: **Praktika aus Praktikantensicht: Reglementieren oder individuell gestalten?***

32) Was halten Sie von Initiativen der Praxis, Qualitätsstandards von Praktika zu schaffen bzw. eine Austauschplattform zur Bewertung der Praktikaqualität zu bieten (z.B. dem ADC-Praktikantenprogramm, der Initiative Fair Company oder dem Verein fairwork e.V.)?

Diese Initiativen 70 Prozent der befragten Studenten nicht bekannt. 13 Prozent kennen diese Ansätze und bewerten sie positiv, bzw. wünschen sich mehr solcher Initiativen zur Steigerung der Transparenz und Gewährleistung der Qualitätssicherung bei Praktika. Jeweils 7 Prozent der Befragten antworteten zum einen, ihnen seien diese Initiativen bekannt, sie halten aber nichts davon und zum anderen, ihnen seien diese Initiativen bekannt und sie achten darauf, dass der Praktikageber Mitglied bei einer dieser Initiativen ist. Eine Studentin merkt an: „Mir sind diese Ansätze teilweise bekannt, doch ich würde mich nicht danach richten, da die Bewertungen immer sehr subjektiv sind. Nur weil ein Unternehmen nicht als „Fair Company" gelistet ist, heißt es nicht, dass es ein schlechter Arbeitgeber ist."

2.2.4.1 Die Chancen aus Sicht der Praktikanten

33) Welche Chancen sehen Sie bei dem Thema Praktikum? Bitte vergeben Sie die Noten 1 (sehr große Chance), 2 (große Chance), 3 (geringe Chance) bis 4 (keine Chance):

Mit insgesamt 97 Prozent besteht für die meisten der befragten Studenten eine sehr große Chance bzw. große Chance, wichtige Kontakte für die Zukunft knüpfen zu können. Durch ein Praktikum den zukünftigen Arbeitgeber kennen zu lernen sowie wichtige Erfahrungen für die Zukunft zu sammeln, stellt für 93 Prozent ebenfalls eine sehr große Chance oder große Chance dar. Mit jeweils 90 Prozent glauben sie, durch Praktika eine sehr große bis große Chance zu erhalten, einen Vergleich zwischen Theorie des Studiums mit den Anforderungen der Praxis durchführen zu können sowie ihre Jobwahl überprüfen zu können.

Chancen Praktikum aus Praktikantensicht in Prozent	Sehr große Chance (1)	Große Chance (2)	Geringe Chance (3)	Keine Chance (4)
Kennen lernen des künftigen Arbeitgebers	53	40	7	0
Knüpfen von Kontakten für die Zukunft	57	40	3	0
Vergleich von Theorie des Studiums mit der Praxis	27	63	7	3
Möglichkeit zur praxisorientierten Untersuchung / Thesis	23	47	27	3
Wichtige Erfahrungen für die Zukunft sammeln	70	23	7	0
Überprüfung der Jobwahl	53	37	10	0
Ich sehe generell wenige bis gar keine Chancen bei einem Praktikum	3			

Abb. 25: Chancen Praktikum aus Praktikantensicht in Prozent

2.2.4.2 Die Risiken aus Sicht der Praktikanten

34) Welche Risiken sehen Sie bei dem Thema Praktikum? Bitte vergeben Sie hier Noten von 1 (sehr großes Risiko), 2 (großes Risiko), 3 (geringes Risiko) bis 4 (kein Risiko):

Die Erledigung von stupiden bzw. eher routinierten Tätigkeiten ohne großen Lerneffekt schätzen insgesamt 74 Prozent als sehr großes bis großes Risiko ein. 73 Prozent der Befragten gaben an, dass sie es als sehr großes oder großes Risiko sehen, dass durch Praktikanten vollwertige Arbeitsstellen besetzt werden. An ein sehr großes bzw. großes Risiko bezüglich der Ausbeutung durch Praktika glauben insgesamt 60 Prozent. Eher als geringes bzw. als kein Risiko sahen insgesamt 66 Prozent der Befragten bei der Möglichkeit, dass Unternehmen sich nicht an Abmachungen, die nicht vertraglich fixiert sind – wie beispielsweise ein Angebot zur Kooperation im Rahmen der Untersuchung oder Thesis – halten könnten. Dass das Praktikum eher dem Unternehmen als dem Praktikanten nützen könnte, stellt für mit insgesamt 60 Prozent für die Mehrheit der Befragten ebenfalls ein eher geringes bzw. gar kein Risiko dar.

Risiken Praktikum aus Praktikantensicht in Prozent	Sehr großes Risiko (1)	Großes Risiko (2)	Geringes Risiko (3)	Kein Risiko (4)
Erledigung von stupiden (Routine-) Tätigkeiten ohne großen Lerneffekt	37	37	23	3
Praktikanten besetzen vollwertige Arbeitsstellen anstelle von Festangestellten	40	33	24	3
Ausbeutung	17	43	20	20
Unternehmen hält sich nicht an Abmachungen, die nicht vertraglich fixiert sind, z.B. Angebot zur praxisorientierten Untersuchung/Thesis, Beschreibung des Aufgabenspektrums/Verantwortungsbereiches o.ä.	0	33	43	24
Praktikum nützt eher dem Unternehmen als dem Praktikant	3	37	43	17
Ich sehe generell wenige bis gar keine Risiken bei einem Praktikum	7			

*Abb. 26: **Risiken Praktikum aus Praktikantensicht in Prozent***

2.3. Interpretation der Ergebnisse

Interpretation der Ergebnisse der Unternehmensbefragung

Durch die hohe Beteiligung von 94 Unternehmen kann den Ergebnissen eine große Aussagekraft beigemessen werden. Die befragten Unternehmen decken die unterschiedlichsten Unternehmensgrößen und Branchen ab, weshalb eine übergreifende Untersuchung der Thematik möglich war. Es ist davon auszugehen, dass die Unternehmen, die sich die Zeit genommen haben, den umfangreichen Fragebogen auszufüllen, gegenüber dem Thema Praktikum eher aufgeschlossen sind und ein ausgewogenes Verhältnis zwischen Mitarbeiterzahl und Praktikantenzahl vorweisen können sowie in der Planung, Durchführung, Kontrolle und Vergütung des Praktikums als eher fortschrittlich und vorbildlich einzustufen sind oder bereits an der Verbesserung ihres Praktikantenkonzeptes arbeiten. Die an der Umfrage beteiligten Unternehmen empfinden das Thema Praktikum überwiegend als sehr wichtig oder wichtig, was die eben geäußerte Mutmaßung unterstützt. Ihre Einschätzung, dass das Thema einen gleich hohen Stellenwert beibehält oder dieser sich sogar steigern wird, signalisiert den hohen Praxisbezug dieser Untersuchung.

Berücksichtigt werden sollte die Tatsache, dass der Fragebogen direkt an die Personalabteilungen der Unternehmen geschickt und größtenteils auch von den Verantwortlichen aus dieser Abteilung ausgefüllt wurde. Somit unterliegen die Auswertungsergebnisse der subjektiven Einschätzung der Personalabteilungen, die jedoch in vielen Fällen eher wenig Kontakt mit ihren Praktikanten haben und auch nicht immer Auskunft darüber geben können, wie die Fachabteilung das Praktikum im Einzelnen durchführt.

Jedoch wird durch die Vielzahl der zum Teil prägnanten Ergebnisse folgendes deutlich: Die Mehrheit der befragten Unternehmen gaben an, weniger als jedem vierten Praktikanten im Anschluss an das Praktikum ein Angebot zur Festeinstellung oder eine Kooperation bei der Abschlussarbeit anbieten zu können. Die Praktikanten, die ein Angebot zur Festeinstellung erhalten, müssen bei den meisten Unternehmen lediglich ein Interview durchlaufen - daraus lässt sich schließen, dass dem Praktikum eine hohe Aussagekraft über die fachlichen und sozialen Kompetenzen des Kandidaten beigemessen wird und sich übrige Auswahlverfahren wie aufwändige Assessment-Center oder andere Einstellungstests im Anschluss an ein Praktikum erübrigen. Obwohl einschlägige Praxiserfahrung in vielen Stellenausschreibungen für Praktikanten Bedingung ist, so muss in den meisten Fällen vor einer Festeinstellung kein Praktikum in demselben Unternehmen absolviert worden sein.

Auffällig ist, dass die Mehrheit der befragten Unternehmen keinen Praktikantenpool hat – hierbei sollten die betroffenen Unternehmen überlegen, ob die Implementierung eines Praktikantenpools nicht vorteilhaft wäre, da mit Hilfe dieses Tools nachträglich auftretende Vakanzen besetzt werden könnten. Darüber hinaus unterstützt dieses Instrument die Erfolgskontrolle der durchgeführten Praktika, wenn der Praktikantenpool alle wesentlichen Informationen bezüglich der Eignung und Einsatzmöglichkeiten der Praktikanten enthält.

Zum Zeitpunkt der Befragung boten lediglich ein Viertel der Unternehmen ein umfassendes Praktikantenprogramm an, um ihre Praktikanten über das Praktikum hinaus an das Unternehmen binden zu können. Hauptsächlich handelt es sich bei den Inhalten um Unternehmenspublikationen bzw. Newsletter o.ä. sowie Workshops und individuelle Trainingsmaßnahmen. Noch eher ungewöhnlich scheint es für Unternehmen zu sein, ihren Praktikanten eine Datenbank zum individuellen Eigenmarketing anzubieten. Diese zu implementieren wäre eine weitere sinnvolle Überlegung: Die Praktikanten können ihre Daten selbst einpflegen und die Fachabteilungen können auf diese Informationen jederzeit zugreifen. Möchte also ein geeigneter Praktikant auch nach dem Praktikum im Unternehmen - z.B. in Form einer Werkstudententätigkeit oder Untersuchung (Thesis) - aktiv werden, kann er dieses Interesse durch einen entsprechenden Vermerk innerhalb der Datenbank angeben. Dies entlastet die Personalabteilung und steigert die Transparenz, was sowohl für das Unternehmen als auch den Praktikanten dienlich sein kann.

Die meisten der befragten Unternehmen honorieren ein zuvor absolviertes Praktikum zwar durch erhöhte Einstiegschancen, jedoch nicht in der Form, dass ein höheres Gehalt oder eine Verkürzung der Probezeit möglich wäre. Durch die Gewährung solcher Möglichkeiten könnte jedoch ein Anreiz geschaffen werden, sehr gute Praktikanten auf das Unternehmen aufmerksam zu machen bzw. sich von anderen Unternehmen abzugrenzen.

Die Unternehmen, die bei dem Kosten-Nutzen-Vergleich angaben, dass es sich für sie teilweise bzw. überhaupt nicht lohnt, Praktikanten zu beschäftigen, trafen auch häufig die Aussage, dass das Thema Praktikum weniger wichtig für sie ist. Im Vergleich zu den Unternehmen, für die sich das Anbieten von Praktika immer bzw. überwiegend lohnt, überwiegen bei diesen Unternehmen die Anteile der Assistenztätigkeiten, Zuarbeiten und administrativen Tätigkeiten. Darüber hinaus sehen einige dieser Unternehmen wenige bis gar keine Chancen, dass sie eine Wertschöpfung oder Anregung, neue Impulse und Denkanstöße bzw. den Wissenstransfer durch überwiegend leistungsstarke und gut ausgebildete Studenten erhalten. Die Unternehmen, mit der Angabe, tendenziell eher einen geringeren Nutzen von Praktikanten zu haben, sehen es auch eher als Risiko, dass das Praktikum vorwiegend dem Praktikanten als dem Unternehmen nützt. Dafür sehen sie vergleichsweise größere Chancen, durch Praktikanten die Aufgaben erledigen zu können, die sonst eher liegen bleiben. Im Vergleich zu den Unternehmen, die ihren Nutzen aus Praktikanten ziehen, lassen diese Unternehmen ihre Praktikanten eher nicht an internen Meetings teilnehmen und gewähren ihnen seltener die Teilnahme an Fortbildungsmaßnahmen, Seminaren oder Workshops. Diese Unternehmen glauben außerdem größtenteils daran, dass sich der Stellenwert des Themas Praktikum in der Zukunft nicht ändern wird und gaben an, dass falls die Einführung von Prüfungsleistungen, die im Rahmen eines Pflichtpraktikums eingeführt werden sollen, dazu führt, dass die Personalabteilung zur Prüfungsinstanz bzw. zur Außenstelle des Hochschulprüfungsamtes werden muss, sie ihre Aktivitäten in der Praktikantenausbildung eher reduzieren werden. Sie glauben, dass sich für sie der dadurch entstehende höhere Verwaltungs- und Koordinationsaufwand nicht lohnen wird. Diese Unternehmen sollten überlegen, ob sie Defizite im Bereich der Selektionskriterien und Rekrutierung ihrer Praktikanten haben und sie durch eine optimierte und strukturierte Einsatzplanung einen höheren Nutzen aus ihren Praktikanten ziehen können. Ein Beispiel hierfür wäre die Kopplung eines Praktikums an ein Projekt. So erhalten sie Lösungsvorschläge für betriebliche Problemstellungen und können ihre zukünftigen Mitarbeiter auf Herz und Nieren prüfen.

Generell werden die Chancen, die einem Unternehmen durch das Anbieten von Praktika entstehen, überwiegend hoch eingeschätzt, während die Risiken als eher gering empfunden werden.

Auffällig war dabei, dass das Risiko des Imageverlustes bzw. der Reduzierung der Arbeitgeberattraktivität durch Praktika nicht gesehen wird – während im Kontrast dazu 87 Prozent der befragten Unternehmen Praktika als ein Instrument mit sehr großen oder großen Chancen sehen, um das Arbeitgeberimage bzw. die Arbeitgeberattraktivität zu steigern. Bei der erstgenannten Angabe könnte es sich um einen Trugschluss handeln: Praktikanten, die ihr Praktikum als überwiegend negativ empfunden haben, machen sehr wohl ihrem Ärger Luft. Gute Austauschmöglichkeiten dazu bietet hierbei in erster Linie die Hochschule – nicht zuletzt wegen des obligatorischen Berichtsheftes – wobei es problematisch sein kann, wenn diese Hochschule in unmittelbarer Nähe des Unternehmens angesiedelt ist. Aber auch innerhalb seines persönlichen Umfeldes wird der Praktikant bezüglich seines Praktikums berichten. Darüber hinaus gibt es durch das Internet eine weitere Plattform, sich negativ und für jeden zugänglich über ein Unternehmen zu äußern. Die Verfasserin ist aufgrund ihrer Recherchearbeiten auf eine Vielzahl von Internetseiten gestoßen, die sehr deutliche negative Äußerungen über bestimmte Unternehmen enthielten. Somit sollte ein Unternehmen, das sich bereit erklärt, junge Menschen durch Praktika zu fördern, dies auch ernsthaft und überlegt durchführen und das Risiko Imageschaden nicht unterschätzen.

Interpretation der Ergebnisse der Praktikantenbefragung

Bei der Betrachtung der Ergebnisse der Praktikantenbefragung muss berücksichtigt werden, dass es sich hierbei um Antworten von insgesamt 30 Studenten handelt, die größtenteils einen betriebswirtschaftlichen Hintergrund mitbringen. Deshalb können diese Aussagen ggf. nicht für Studenten anderer Fachrichtungen gelten.

Das Image, die Jobaussichten bzw. Aufstiegsmöglichkeiten sowie der Standort sind die entscheidenden Kriterien, die bei der Entscheidung für eine Praktikumsstelle eine große Rolle spielen. Die Standortfrage könnte vor dem Hintergrund, dass es sich bei einem Praktikum um ein temporäres Arbeitsverhältnis handelt, diese wichtige Rolle spielen: Die Praktikanten, die bereits einen eigenen Haushalt führen, werden kaum eine finanzielle Doppelbelastung in Kauf nehmen können oder diesen aufgeben, für 4 oder 6 Monate Praktikum. Aber auch die Praktikanten, die noch keinen eigenen Haushalt haben, können diesen oftmals nicht lediglich mit der Praktikumsvergütung finanzieren. Auch wenn laut Angabe der Befragten die Praktikumsvergütung, eine gesunde Ertragslage des Unternehmens oder eine internationale Ausrichtung einen eher geringen Beitrag dazu leisten, sich aufgrund dessen für ein Unternehmen zu entscheiden, so sollten die Unternehmen, die gerne überregional ihre Praktikanten rekrutieren möchten, nicht außer acht lassen, dies auch ihren Praktikanten finanziell zu ermöglichen.

2/3 der Befragten wurden im Anschluss an das Praktikum kein Angebot zur Festeinstellung bzw. Trainee oder Volontariat unterbreitet. Dieses Bild entspricht auch ungefähr der überwiegenden Einschätzung der Praktikanten, dass der Praktikageber weniger als 25 Prozent seiner Praktikanten anschließend übernehmen kann. Berücksichtigt werden muss bei dieser Aussage, dass nur jeder zweite Student eine Einschätzung vornehmen konnte. 1/3 derjenigen, denen ein Angebot unterbreitet wurde, möchten es annehmen, der Rest war entweder unentschlossen oder lehnte diese Möglichkeit ab. Die Chance durch ein Praktikum eine Einstiegsposition zu erlangen, ist demnach zwar durchaus gegeben – jedoch eher gering.

Bei der Kooperationsmöglichkeit in Form einer Abschlussarbeit sieht es prinzipiell ähnlich aus – auch hier schätzt die Mehrheit der Befragten die Situation so ein, dass weniger als jeder vierte dieses Angebot erhält. Die Praktikanten selbst jedoch hatten mit über 2/3 diese Gelegenheit bekommen. Relativ hoch wurde mit 451 bis 600 Euro das Praktikum bei 1/3 der Befragten vergütet – jedoch mussten 10 Prozent leer ausgehen. Weitere aufwändige Personalrekrutierungsinstrumente können sich die Praktikanten jedoch im Falle einer Festeinstellung sparen: die meisten gaben an, lediglich ein Interview durchlaufen zu müssen. Der Praktikageber sieht ein vorheriges Absolvieren eines Praktikums im selben Unternehmen nicht als Einstellungsvoraussetzung für eine feste Anstellung an. Bei weniger als der Hälfte der Befragten hatte der Praktikageber ein Praktikantenprogramm implementiert. 20 Prozent können mit diesem Begriff anscheinend nichts anfangen, da sie dazu keine Angabe machen konnten. Gab es ein Praktikantenprogramm, dann bestand dies nach Angaben der Befragten überwiegend aus Unternehmenspublikationen, Newsletter bzw. Mentoring. Eine Datenbank zum Eigenmarketing oder Karriereberatung steht auch hier nur wenigen Praktikanten zur Verfügung.

Lediglich die Hälfte der Studenten konnte eine Aussage dazu machen, ob das Unternehmen auf einen Praktikantenpool zugreift. 1/3 verneinte diese Frage.

In nur 10 Prozent der Fälle wird ein zuvor absolviertes Praktikum im gleichen Unternehmen in der Form berücksichtigt, dass es die Probezeit verkürzt. 70 Prozent der Befragten konnten dazu keine Angabe machen. Generell lässt sich festhalten, dass die Praktikanten relativ uninformiert darüber sind, wie das interne Procedere bezüglich Praktika im Unternehmen gestaltet ist. Absolut wichtig war für sie, durch das Praktikum allgemeine Berufserfahrung zu sammeln sowie ihre Studienkenntnisse in die Praxis umsetzen zu können. Natürlich stand auch das Absolvieren des berufspraktischen Semesters im Vordergrund – allerdings handelte es sich bei den Befragten auch überwiegend um Studenten einer Fachhochschule, die das berufspraktische Semester fest im Lehrplan verankert hat. Das Unternehmen für eine praxisorientierte Untersuchung oder Thesis zu gewinnen sowie den potentiellen Wunsch-Arbeitgeber durch ein Praktikum testen zu können, ist natürlich nicht unwichtig, spielt aber eine eher untergeordnete Rolle. Sollte also ein Unternehmen aus Kapazitätsgründen keine Möglichkeit haben, ihre Praktikanten im Anschluss übernehmen zu können oder sie bei einer Abschlussarbeit zu betreuen, so empfinden die Praktikanten ihre Praktika trotzdem als sehr lohnenswert, was die Angabe von 2/3 der Befragten zeigt. Optimierungspotentiale gibt es jedoch noch zu genüge – 1/3 der Praktikanten glaubt nämlich an eine Verbesserung ihres Praktikums durch die Hilfestellung in Form eines Leitfadens für das Unternehmen.

Erstaunlich waren die häufig übereinstimmenden Aussagen bei den qualitativen Fragestellungen. Die Praktikanten scheinen sich einig zu sein, was ein gutes Praktikum für sie ausmacht: Eigenverantwortliches Arbeiten, schnelle Integration in das Team, Behandlung wie ein vollwertiges Teammitglied, gute Einarbeitung, regelmäßige Feedbackgespräche und einen Ansprechpartner bzw. Praktikumsbetreuer lassen ein Praktikum zu einem guten Praktikum werden. In der Realität trafen einige von ihnen jedoch auf eine mangelhafte Einarbeitung, mangelnde Einbindung an das Team sowie eine schlechte oder gar keine Bezahlung – und das obwohl fast alle Befragten der Meinung waren, für den Praktikageber sei das Thema Praktikum sehr wichtig bis wichtig. Positiv ist die Tatsache, dass sich 80 Prozent der Befragten sowohl gefordert als auch gefördert sahen. Bei jeweils 10 Prozent kam es zu einer gleichzeitigen Über- und Unterforderung bzw. zu einer Unterforderung. Generell überfordert fühlte sich niemand in seinem Praktikum – die Unternehmen

men scheinen also ein überwiegend ausgewogenes Verhältnis zwischen Quantität und Qualität der Arbeitsaufgaben für ihre Praktikanten zu schaffen.

Der Stellenwert von Praktika wird zunehmen – so jedenfalls sieht es die Hälfte der befragten Studenten. Der Rest glaubt an einen Stellenwert auf jetzigem Niveau. Die Möglichkeit zum eigenständigen Arbeiten, regelmäßige Feedbackgespräche und Integration durch Teilnahme an Meetings sind die Topp-Kriterien, die bei einem Praktikum wichtig sind. Ein Praktikantenprogramm ist für die Befragten tendenziell weniger wichtig. Die Zusammenarbeit innerhalb des Unternehmens erfolgt überwiegend mit Sach- aber auch Team- und Projektleitern. Teamassistenten, Abteilungsleiter oder Geschäftsführer hingegen spielen eine untergeordnete Rolle. Das Durchführen von eigenen Projekten stellt zwar mit 22 Prozent den geringsten Anteil dar, jedoch überwiegt das selbständige Arbeiten gegenüber den Assistenztätigkeiten. Alle befragten Praktikanten hatten Zugang zu Wissensportalen bzw. zum Intranet während ihres Praktikums. Der Kontakt zu Geschäftspartnern, die grundsätzliche Teilnahme an internen Meetings oder an Fortbildungsmaßnahmen, Seminaren und Workshops sind während eines Praktikums nicht selbstverständlich und wurden nicht jedem gewährt.

Das Chancen-Potential bei Praktika schätzen die Befragten überwiegend als sehr groß oder groß ein: Das Knüpfen von wichtigen Kontakten für die Zukunft, das Kennen lernen des künftigen Arbeitgebers und das Sammeln von wichtigen Erfahrungen sind Möglichkeiten, die nach ihrer Meinung durch Praktika entstehen können.

Jedoch sieht die überwiegende Mehrheit der Praktikanten auch Risiken: Sie befürchten, während ihres Praktikums stupide bzw. routinierte Tätigkeiten ohne großen Lerneffekt ausüben zu müssen und durch ihr Praktikum dazu beizutragen, dass vollwertige Arbeitsstellen kompensiert werden. An das Risiko der Ausbeutung glauben knapp 2/3 der Befragten. Weniger risikoreich ist ihrer Annahme nach die Möglichkeit, dass das Unternehmen sich nicht an Abmachungen hält, die nicht vertraglich fixiert sind – z.B. eine mündliche Zusage bezüglich der Unterstützung bei der Abschlussarbeit o.ä. Auch dass das Praktikum eher dem Unternehmen als dem Praktikanten nutzen könnte, scheint ein eher geringes Risiko bzw. überhaupt kein Risiko darzustellen. Dies begründet auch die überwiegende Forderung, gewisse Mindeststandards bei Praktika zu reglementieren, jedoch genügend Möglichkeiten zur individuellen Ausgestaltung beizubehalten. Die in den letzten Jahren gegründeten Initiativen zur Schaffung von Qualitätsstandards – wie beispielsweise dem ADC-Praktikantenprogramm, der Initiative Fair Company oder dem Verein fairwork – sind den meisten der Studenten völlig unbekannt. Ein Grund dafür könnte sein, dass diese Initiativen entweder branchenspezifisch ausgerichtet sind oder eher auf Praktika nach einer (Hochschul-) Ausbildung abzielen.

Gegenüberstellung der Befragungsergebnisse

Nach der ausführlichen Erörterung der Befragungsergebnisse werden nun die ähnlichen Einschätzungen sowie die signifikanten Abweichungen der Aussagen der Unternehmen mit den Aussagen der Praktikanten gegenübergestellt.

Bei folgenden Aussagen kam es zu einer mehrheitlichen Übereinstimmung beider befragten Parteien: Weniger als 25 Prozent der Praktikanten können im Anschluss an das Praktikum ein Angebot für ein festes Angestelltenverhältnis erhalten. Zu einer Kooperation zwischen Unternehmen und Praktikant in Form einer praxisorientierten Abschlussarbeit kommt es in 25 Prozent der Fälle. Die Praktikumsvergütung beläuft sich in der Regel auf 451 bis 600 Euro. Im Anschluss an ein Praktikum ist das Interview das zu durchlaufende Personalauswahlinstrument bei einer Festeinstellung. Beide Parteien gaben an, dass im Rahmen einer Festeinstellung ein zuvor absolviertes Praktikum im gleichen Unternehmen nicht obligatorisch ist. Gab es auf beiden Seiten ein Praktikantenprogramm, so bestand dies in erster Linie aus Unternehmenspublikationen, Newsletter u.ä. (zzgl. Mentoring bei den Praktikanten). Die Frage nach dem Vorhandensein eines Praktikantenpools mussten beide befragten Gruppen mehrheitlich verneinen. Ein im Unternehmen zuvor absolviertes Praktikum wird bei einer anschließenden Festeinstellung weder monetär noch in Form von einer Probezeitverkürzung berücksichtigt. Beim Aufwand-Nutzen-Vergleich sind sich beide Parteien darüber einig, dass der Nutzen deutlich dem Aufwand überwiegt. Der Stellenwert des Themas Praktikum bei den befragten Unternehmen sowie bei den Praktikagebern der Praktikanten wurde als sehr wichtig bis wichtig eingestuft. In der Regel arbeiten die Praktikanten überwiegend mit Sachbearbeitern sowie mit Team- und Projektleitern zusammen. Bei fast jedem Praktikum kommt es zu einem Einführungsgespräch. Die Tätigkeiten innerhalb des Praktikums bestanden überwiegend aus selbständigen Arbeiten (zuzüglich Assistenztätigkeiten bei den Unternehmen). Während des Praktikums gibt es in der Regel Zugang zu Wissensportalen, Communities, Datenbanken bzw. Intranet für die Praktikanten. Beide befragte Parteien kennen die in den letzten Jahren entstandenen Initiativen zur Schaffung von Qualitätsstandards, wie beispielsweise dem ADC-Praktikantenprogramm, die Initiative Fair Company oder den Verein fairwork, nicht.

Bei folgenden Aspekten kam es zu unterschiedlichen Angaben: Die durchschnittliche Praktikumsdauer beträgt nach Angaben der Unternehmen knapp 4 Monate, nach Angaben der Praktikanten beläuft sie sich auf fast 5 Monate. Während es bei der Mehrheit der befragten Unternehmen kein Praktikantenprogramm gab, absolvierten die Praktikanten ihre Praktika überwiegend bei Praktikageber mit implementiertem Praktikantenprogramm. Bei der Frage nach dem Stellenwert des Thema Praktikums glauben zwar beide Gruppen anteilig an einen gleich bleibenden Stellenwert, die Praktikanten jedoch glauben zur Hälfte auch an eine Zunahme des Stellenwertes. Bei der Frage nach einer gesetzlichen Reglementierung des Beschäftigungsverhältnisses Praktikum gaben die Unternehmen an, das Praktikum individuell gestalten zu wollen, während die Studenten durchaus gewisse Mindeststandards wie beispielsweise das Gehalt gesetzlich verankert haben möchten, jedoch noch genügend Spielraum für die individuelle Ausgestaltung wünschen.

3. Leitfaden zur optimalen Praktikumsdurchführung

Bei der optimalen Ausgestaltung eines Praktikums müssen eine Vielzahl von Aspekten berücksichtigt werden, die durch den folgenden Leitfaden beschrieben werden.

3.1. Wozu ein Leitfaden?

Ein Praktikum will zielorientiert geplant und durchgeführt werden, denn nur klare Ziele führen zum Erfolg. Oft haben jedoch Unternehmen und auch Praktikanten recht unklare Vorstellungen davon, welche Zielsetzung das Praktikum hat bzw. wie der Praktikant überhaupt eingesetzt werden soll. Unabdingbar ist die Beantwortung der Frage, was mit dem Praktikum erreicht werden soll.

Obgleich sicherlich heutzutage bei einer Vielzahl der großen Unternehmen der Stellenwert eines Praktikums gestiegen ist und es somit auch zielgerichteter durchgeführt wird, gibt es weiterhin unzählige Unternehmen, die mit wenigen aber effektiven Hilfestellungen und Anreizen, ihre Defizite hinsichtlich der Durchführung von Praktika beheben könnten. Dieser Leitfaden soll jedoch lediglich als Anregung verstanden werden. Er kann aufgrund der hohen Individualität der Thematik nicht als allgemeingültiges Rezept dienen. Darüber hinaus sind sicherlich nicht alle Unternehmen aufgrund ihrer Struktur, Größe oder ihrer finanziellen Situation in der Lage, alle Gesichtspunkte berücksichtigen zu können – jedoch kann es nicht von Schaden sein, sich mit dem folgenden Konzept auseinanderzusetzen.

3.2. Das Konzept

Die Frage ist nun: Was kann ein Unternehmen tun, um ein optimales Praktikum durchzuführen? Die Antwort lautet: Es muss konzeptionell fundiert vorgehen. Dies soll unterstützt werden durch den nachfolgenden Leitfaden. Er zeigt die wichtigsten Schritte auf, die bei der Konzepterstellung für die Durchführung eines Praktikums zu berücksichtigen sind. Fünf zentrale Phasen sollten dabei beachtet werden:

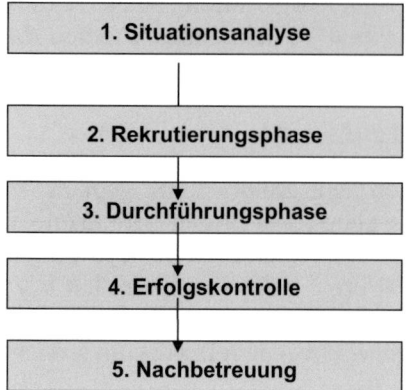

Abb. 27: *Phasen der Praktikagestaltung* [20]

In der ersten Phase, der Situationsanalyse, geht es um die Überprüfung der unternehmensexternen sowie unternehmensinternen Voraussetzungen, die bei allen wesentlichen personalpolitischen Entscheidungen durchgeführt werden sollte und als Fundament dienen. Die erste Phase schließt mit einer konkreten Bedarfsermittlung ab, so dass die Grundlage für die zweite Phase, die Rekrutierungsphase, geschaffen wird. Ist diese Phase abgeschlossen, beginnt die Durchführungsphase, in der ein Instrumentenkonzept erarbeitet wird, das die für das operative Handeln relevanten Maßnahmen und Verfahren zusammenfasst. Die gründliche Vorbereitung der Durchführungsphase ist ein wesentliches Erfolgskriterium für das Praktikum. Im Zentrum der vierten Phase des Leitfadens steht die Erfolgskontrolle. Hier wird kritisch überprüft, ob eine tatsächliche Win-Win-Situation gegeben war oder nur eine der beiden Parteien Nutzen ziehen konnte. Aufgrund dieser Überlegung sind ggf. Optimierungen durchzuführen und das weitere Verfahren mit dem potentiellen neuen Mitarbeiter einzuläuten. Schlussendlich schließt dieses Kapitel mit der fünften und letzten Phase: der Nachbetreuung. Ist das Praktikum für beide Seiten positiv verlaufen und besteht ein gegenseitiges Interesse daran, den Kontakt aufrecht zu erhalten, können die in der Nachbetreuungsphase beschriebenen Maßnahmen dafür dienlich sein. In allen fünf Phasen des Leitfadens

---

[20] Eigene Darstellung

fließen die jeweiligen Erkenntnisse, die die Verfasserin aufgrund der empirischen Erhebung erlangt hat, mit ein.

Situationsanalyse:

Hierbei müssen zunächst einmal Klarheit über die unternehmensexternen sowie unternehmensinternen Voraussetzungen geschaffen und folgende Fragen beantwortet werden:

3.2.1.1 Unternehmensexterne Einflussfaktoren:

1. Relevant sind gesellschaftspolitische Einflussfaktoren: Wie entwickelt sich die Altersstruktur der Bevölkerung? Wie verändert sich das Werteverständnis zukünftiger Belegschaften? In welche Richtung tendiert das Bildungssystem? (Änderungen in der Bildungspolitik, beispielsweise Maßnahmen im Schul- und Hochschulsystem mit Konsequenzen für das Bildungsniveau von Schul- und Hochschulabsolventen).
2. Wirtschaftspolitische Einflussfaktoren: Welche Trends herrschen auf dem Arbeitsmarkt vor? Wie entwickelt sich die nationale und internationale wirtschaftliche Situation? Wie verändert sich der Wettbewerb der Branche? Wohin tendiert die Branche?
3. Rechtliche Faktoren: Welche Änderungen im Arbeits- und Sozialrecht können eintreten (Bsp. Bologna-Prozess, Einführung von Bachelor- & Master-Studiengängen und Abschaffung des Diplomstudiengangs bis 2010)?
4. Technische Innovationen: Wie verändern sich die Produktionsverfahren? Welche Entwicklungen in der Kommunikationstechnologie sind zu erwarten? Was hat das für Auswirkungen auf die Personalauswahl?
5. Kommunale Faktoren: Wie ist die Standortsituation heute und zukünftig zu bewerten? Welche kommunalpolitischen Rahmenbedingungen spielen eine Rolle?

3.2.1.2 Unternehmensinterne Einflussfaktoren

1. Unternehmensvision: Was ist der Unternehmenszweck? Welche langfristigen Unternehmensziele gibt es? Welche Entwicklungsperspektiven existieren?

2. Unternehmensstrategie: Welche mittelfristigen Produkt-/Marktziele verfolgt das Unternehmen? Welche Prämissen liegen diesen Zielen zugrunde?
3. Leistung und Leistungserstellungsprozesse: Wie bekannt sind die Leistungen in der Öffentlichkeit? Wie hoch ist der notwendige Innovationsgrad bei den Leistungen? Welche Anforderungen werden an die Handelnden gestellt?
4. Unternehmensorganisation: Welche Merkmale unterscheidet die Unternehmensorganisation von den Wettbewerbern?
5. Unternehmens- und Führungskultur und gelebte Werte: Was unterscheidet das Unternehmen von Konkurrenten? Welche Werte kennzeichnen das Unternehmen? Gibt es ein spezifisches Zusammengehörigkeitsgefühl in der Belegschaft, das auf einem verbindlichen Wertekanon beruht?
6. Allgemeine Grundsätze der Geschäftspolitik: Gibt es solche Leitlinien? Welche sind dies? Werden sie im Alltag gelebt?
7. Unternehmenssituation: Wie viele Mitarbeiter arbeiten im Unternehmen? Wie hoch ist die durchschnittliche Fluktuationsrate? Wie ist der wirtschaftliche Erfolg im Verlauf der letzten Jahre zu beurteilen? Wie zufrieden sind die Mitarbeiter? Welche prägenden Momente hat die Unternehmensgeschichte?
8. Personalmanagementstrategie: Gibt es eine derartige Strategie, ist sie konkret definiert? Ist sie an die Unternehmensstrategie gekoppelt? Wie sieht die Ressourcenausstattung des Personalmanagements personell und finanziell im Vergleich zu handelsüblichen Benchmark-Zahlen aus?
9. Personalmanagementorganisation: Wer nimmt mit welchen Verantwortungen welche Personalaufgaben wahr? Wie zentral ist die Aufgabenerführung geregelt?
10. Personalmanagementprozesse: Welche Prozesse sind definiert? Wie sind sie definiert?
11. Funktionsträger des Personalmanagements: Welche Funktionsträger gibt es? Wie sind die Instrumente hinsichtlich ihrer Aktualität und Akzeptanz zu beurteilen?
12. Selbstverständnis und Akzeptanz des Personalmanagements: Wie sieht das Selbstbild des Personalmanagements aus? Wie

ist das Bild des Personalmanagements bei den Führungskräften der Unternehmensleitung?

13. <u>Charakteristika der Arbeitsverhältnisse:</u> Wie sind die Arbeitsverhältnisse zu bewerten hinsichtlich Arbeitszeit, Entlohnung, Gestaltungsspielraum? [21]

Nach der Klärung der allgemeinen Fragen zur unternehmensexternen und unternehmensinternen Situation und Berücksichtigung der Einflussfaktoren müssen weiterhin folgende Überlegungen hinsichtlich des Themas Praktikum getroffen werden:

- Welches Personal bzw. welche Nachwuchskräfte aus welchen Fachbereichen benötigt das Unternehmen zur Zielerreichung?
- Wie kann man diese Nachwuchskräfte bereits im frühen Stadium (z.B. während des Studiums) durch Praktika auf das Unternehmen aufmerksam machen und an das Unternehmen binden?
- Welche Firma bzw. Abteilung hat welchen Bedarf an Praktikanten? Wie viele Betreuer stehen hier jeweils zur Verfügung? Wer kann und möchte betreuen (fachliche Kompetenz, Arbeitszeitkapazität, Aufgabenspektrum)? Wie können insbesondere Führungskräfte dazu motiviert werden, die ihnen anvertrauten Praktikanten bestmöglich zu betreuen?
- Wie viele freie und entsprechend ausgestattete Arbeitsplätze (z.B. Mobiliar, Telefon, PC, Drucker, Fax o.ä.) sind vorhanden? Welche Zeiträume (Minimum/Maximum) kommen in Frage? Wird das Praktikum vergütet? Wenn ja, in welcher Höhe?
- In welcher Phase des Studiums sollten sich die Praktikanten befinden (vor oder nach dem Vordiplom, vor oder nach dem Abschluss des Hauptstudiums, Diplombearbeitungsphase)? Wie lange muss ein Praktikant dem Unternehmen zur Verfügung stehen können?
- Wie verhält sich die Branche? Wie geht die Konkurrenz mit dem Thema Praktikum um? Was bieten Topp-Praktikageber?

Das Ergebnis der Analysephase ist eine Beschreibung der Ausgangssituation und eine Identifikation der möglichen Praktikanten-

---

[21] DGFP e.V. (Hrsg.), (2006), 1. Auflage, Erfolgsorientiertes Personalmarketing in der Praxis, W. Bertelsmann Verlag, S. 39-43

plätze. Abgeleitet von der Bedarfsplanung ergibt sich eine Zielgruppendefinition für die Recruiting-Marketingaktivitäten.

Rekrutierungsphase

Ist der konkrete Bedarf an Praktikanten bekannt, muss zielgruppengerecht rekrutiert werden – d.h. die Zielgruppen werden hinsichtlich ihrer Eigenschaften, Motive und Erwartungen analysiert und mit Hilfe der Medien angesprochen, die sie verwenden.

3.2.2.1 Kommunikationsmaßnahmen

Als geeignete Medien kommen für Praktikanten Stellenanzeigen im Internet, wobei die einschlägigen Jobbörsen Praktikumsangebote oftmals kostenfrei aufnehmen, in Printmedien oder auch an Anschlagtafeln in den Hochschulen in Frage. Gute Kontakte zu Professoren und Dozenten sowie Gastvorträge in unternehmensrelevanten Vorlesungen sind für eine persönliche Ansprache potentieller Kandidaten hervorragend geeignet.

Wichtig ist bei allen Veröffentlichungen, dass durch sie eine realistische Vorstellung des Unternehmens, der Produkte oder Dienstleistungen, Standorte sowie Unternehmensphilosophie gegeben ist. Darüber hinaus sollte es sich um eine detaillierte Stellenbeschreibung mit allen wesentlichen Aufgaben und Voraussetzungen, die der zukünftige Praktikant zu erfüllen hat, handeln. Die Herausstellung der Stärken des Arbeitgebers und seine Leistungen sind hier ebenfalls wichtig. In der empirischen Studie wurde bei dem Fragebogen für die Praktikanten Kriterien hinsichtlich der Wichtigkeit bei der Auswahl der Praktikantenstelle abgefragt. Besonders wichtig waren ihnen das Unternehmensimage, die Jobaussichten und Aufstiegsmöglichkeiten sowie der Standort. Diese Faktoren gilt es zu überprüfen: Welches Image hat das Unternehmen? Was unterscheidet es von anderen Unternehmen? Welche besonderen Faktoren kennzeichnen es? Worin liegen seine Stärken? Warum soll der Bewerber sich für das Unternehmen interessieren und entscheiden? Sehr gute Studenten haben nach wie vor mehrere Angebote, ihr Praktikum zu absolvieren. Deshalb sollten diese Punkte bei der Ansprache der Zielgruppe Praktikant unbedingt in den Vordergrund treten. Auch Flyer und Broschüren sind geeignet, das Unternehmen und sein evtl. bestehendes Nachwuchsprogramm vorzustellen. Redaktionelle Beiträge, in zielgruppenaffinen Medien, wie beispielsweise Praktikaratgebern, studentischen Zeitschriften oder in der einschlägigen Fachpresse können ebenfalls ein gutes Mittel sein, die geeigneten Kandidaten anzusprechen.

Detaillierte Informationen über die Möglichkeiten eines Praktikums im Rahmen der unternehmenseigenen Homepage kann die Personalabteilung entlasten, indem dadurch bereits im Vorfeld allgemeine Fragen zum Einsatzort/-zeitpunkt oder Bewerbungsprocedere beantwortet werden. Das Ziel sollte sein, möglichst frühzeitig dem Bewerber die Möglichkeit zu geben, sich einen Eindruck vom Unternehmen zu verschaffen, damit er letztlich selbst entscheiden kann, ob er in das Unternehmen passt oder nicht.

3.2.2.2 Praktikantenvorauswahl

Manchmal ist es relativ eindeutig, welcher Kandidat eine Entscheidung über eine Zu- oder Absage erhält. Sollte dies nicht der Fall sein, kann eine so genannte A-B-C-Analyse[22] helfen: In einem Anforderungsprofil werden die Bewerber wie folgt eingestuft:

- A = auf jeden Fall geeignet (daraus wird nun der „Richtige" ermittelt)
- B = möglicherweise geeignet (Ersatzkandidaten, falls jemand absagt)
- C = auf gar keinen Fall geeignet (evtl. andere Aufgabe oder Abteilung?)

Mit dieser Grundlage lässt sich nun auch ein umfassender Praktikantenpool erstellen, der es der Personalabteilung ermöglicht, die Fachabteilung bei einem eher kurzfristigen Bedarf mit den geeigneten Kandidaten zu versorgen. Somit geht kein Bewerber „verloren", der zum jetzigen Zeitpunkt auf keine vakante Stelle trifft, jedoch durchaus zu einem späteren Zeitpunkt für das Unternehmen von großem Interesse sein könnte. Um die Übersichtlichkeit und Schnelligkeit des Bearbeitungsprozesses zu erhöhen, sollte auf einem übersichtlich gestalteten Deckblatt alle wesentlichen Merkmale des Praktikanten enthalten sein, damit sich eine ständig wiederkehrende Sichtung der kompletten Bewerbungsmappe erübrigt – oder alles mit Hilfe einer speziellen Praktikantenmanagementsoftware in eine Datenbank eingegeben werden.

---

[22] Praktika.de: Praktikantenmanagement für Unternehmen, Dokument 34 auf der Diplom-CD

3.2.2.3 Praktikantenauswahl

Für die Praktikantenauswahl stehen verschiedene Instrumente zur Verfügung: Interviews, Assessment Center, Workshops und Tests sind denkbare Methoden. Alle Instrumente setzen jedoch eine intensive Schulung der Recruiter sowie die Gewährleistung der Einheitlichkeit für alle Bewerber voraus.[23] In dieser Phase des Rekruitingprozesses ist es besonders wichtig, dass die Fachabeilung(en), in denen der Kandidat zum Einsatz kommen soll, miteinbezogen werden. Es kann nur eine optimale Besetzung gefunden werden, wenn alle an dem Durchführungsprozess beteiligten Personen in die Entscheidungsphase integriert werden. Die Umfrage der Praktikanten hat Statements wie: „Das Unternehmen an sich war super – nur derjenige – der mich betreuen sollte, hatte wohl daran kein großes Interesse"[24] hervorgebracht. Wichtig ist auch, dass jeder Bewerber – und somit auch die studentischen - prinzipiell als Kunden verstanden und behandelt werden sollten. Die Art und Weise der Kommunikation mit dem Bewerber wirkt sich auf das Bild aus, das dieser sich vom Unternehmen aufbaut.[25]

3.2.2.4 Arbeitsvertrag und Gehalt

Der rechtliche Status eines Praktikanten ist nicht eindeutig. Umso wichtiger ist es, dass man das vereinbarte Praktikum vertraglich festhält. Manche Universitäten und Fachhochschulen stellen Musterverträge bereit. Setzt das Unternehmen einen Praktikantenvertrag auf, sollte dieser folgende Aspekte berücksichtigen:

- Angaben zur Person (Name, Geburtsdatum, Anschrift)
- Dauer des Praktikums
- Tägliche Arbeitszeit
- Leistungen des Arbeitgebers (Unterweisungspflicht, Einhalten der Praktikumsverordnungen, Zeugniserteilung)

---

[23] Vgl. Upgrade – the human resources company AG, Bindung der „Right" Potentials an das Unternehmen, Konferenz Management Circle, 13.06.2001, S. 25
[24] Statement aus der im Rahmen der Untersuchung durchgeführten Umfrage der Praktikanten
[25] Vgl. DGFP e.V. (Hrsg.), (2006), 1. Auflage, Erfolgsorientiertes Personalmarketing in der Praxis, W. Bertelsmann Verlag, S. 79

- Vereinbarter Einsatzbereich
- Leistungen des Praktikanten (Aufgaben, Schweigepflicht, Sorgfaltspflicht, Weisungsgebundenheit, Berichtspflicht)
- Sonstiges (Vergütung, Urlaub, Kündigung, Vertragsauflösung)
- Ort, Datum, Unterschriften [26]

Für manche Bereiche sollten darüber hinaus Vereinbarungen über Haftung für Schäden durch den Praktikanten enthalten sein. Außerdem kann es sinnvoll sein, dass im Praktikantenvertrag geregelt wird, ob und wie Ausbildungsmittel zur Verfügung gestellt werden. Einen grundsätzlichen Anspruch auf Bezahlung haben Praktikanten nicht. Da die Bezahlung von Branche und Fachbereich sowie der Qualifikation des Studenten abhängig ist, gibt es keine Richtlinie für die Höhe des Gehalts. Die im Unternehmen oder der Branche übliche Auszubildenden-Vergütung kann einen Anhaltspunkt geben. Laut der empirischen Studie bezahlt die Mehrheit der befragten Unternehmen ihren Praktikanten zwischen 451 und 600 Euro monatlich. Sollte sich das Unternehmen dazu entscheiden, das Praktikum nicht zu vergüten, könnte es über eine andere Art von Entlohnung nachdenken: z.B. kostenlose Unterkunft in Firmenappartements - wenn das Praktikum nicht am Wohnort absolviert wird - Zuschüsse zum Mittagessen, Fahrkarten oder Benzingutscheine, Fachliteratur, Rabatte auf die Produkte des Unternehmens o.ä., die oftmals vom Unternehmen steuerlich geltend gemacht werden können.

3.2.2.5 Vorbereitung der Mitarbeiter auf den Praktikanten

Ist die Wahl für einen Bewerber gefallen, sollten alle Mitarbeiter, die im Wesentlichen mit dem Praktikanten zusammenarbeiten werden, im Vorfeld die wichtigsten Informationen erhalten. Wer ist die Person? Welche Ausbildung bringt er mit? Über welchen Kenntnisstand bzw. welche Praxiserfahrung verfügt er? Warum möchte der Praktikant ausgerechnet in diesem Unternehmen bzw. in dieser Abteilung eingesetzt werden? Was ist das Ziel seines Praktikums?

---

[26] Praktika.de: Praktikantenmanagement für Unternehmen, Dokument 34 auf der Diplom-CD

Wie lange ist der Praktikant in dieser Abeilung? Eine kurze Übersicht per e-Mail oder als Aushang ermöglicht allen am Praktikumsprozess beteiligten Mitarbeitern einen guten Überblick sowie die Überlegung im Vorfeld, wie der Praktikant sinnvoll eingesetzt werden kann. Kommt der Praktikant in das Unternehmen, muss er in seiner Vorstellungsrunde nicht jedes Mal erneut seinen Werdegang schildern und bekommt außerdem das Gefühl, das man sich auf ihn vorbereitet hat.

Den betreuenden Mitarbeitern sollten außerdem einige Verhaltensgrundsätze mit auf den Weg gegeben werden: Es handelt sich bei einem Praktikum um ein äußerst sensibles Arbeitsverhältnis, dessen Erfolg auch von der Kompetenz und Motivation der betreuenden Mitarbeiter abhängt. Das Anlernen bzw. Unterweisen in einem Praktikum muss methodisch richtig angewendet werden. Es darf bei der Anlernung nicht an Geduld fehlen. Die Arbeitsgänge sind systematisch darzubieten. Das Neue darf nicht zu schnell gezeigt werden. Ernstnehmen, loben, fördern, weiterbilden und Leistung anerkennen sind hierbei die wesentlichen Punkte. Obwohl diese Dinge dem gesunden Menschenverstand durchaus bekannt sind, passieren in der Praxis gerade in diesem Bereich häufig Fehler. Ein erneutes Bewusst machen, kann die nötige Sensibilisierung bringen.

Insbesondere bei den leitenden Angestellten, wie beispielsweise bei den Geschäftsführern oder Abteilungsleitern, sollte das Bewusstsein für die Dringlichkeit der Beschäftigung von Praktikanten, nicht zuletzt vor dem Hintergrund des erwarteten Engpass beim Führungskräftenachwuchs sowie dem verstärkten Wettbewerb um die Ressource, gestärkt werden. Auch sie sollen in gewissem Umfang mit den Praktikanten zusammenarbeiten, damit die Chance, die Potentiale des Praktikanten zu erkennen, auch gegeben ist. Ist dies nicht möglich, sollten die Praktikanten die Möglichkeit haben, beispielsweise ihre Ergebnisse der Projektarbeit vor den jeweiligen Führungskräften zu präsentieren.

Um Führungskräfte für den Praktikanteneinsatz zu gewinnen, dienen die Instrumente des internen Personalmarketings, d.h. alle Maßnahmen und Instrumente, die darauf abzielen, den Einsatz von Praktikanten für Fachbereichsbetreuer attraktiv zu gestalten und bei diesen den Ehrgeiz einer guten Betreuung zu entwickeln. Aufklärungsarbeit hinsichtlich des Stellenwertes des Themas sowie die Schaffung von Anreizen könnten mögliche unterstützende Maßnahmen sein.

Durchführungsphase:

Die Frage, wo ein Praktikant optimal eingesetzt werden kann, hängt von seinen Erfahrungen, wie beispielsweise der Schul- oder Berufsausbildung, von seiner Arbeitserfahrung und dem Studienverlauf ab. Als Anhaltspunkte gelten:

- Beim Einstieg in das Praktikum vor dem Vordiplom und ohne Berufserfahrung empfehlen sich eher Informationstätigkeiten und einfache Routinetätigkeiten, ohne eigenständigen Verantwortungsbereich. Hier ist es ratsam, die Praktikumsdauer auf sechs bis acht Wochen zu beschränken.

- Beim Einstieg nach dem Vordiplom können Praktikanten nach Einweisung selbständige Routinetätigkeiten erledigen und bestimmte Projekte durchführen, wie beispielsweise die Auswertung von Beschwerden, deren Systematisierung und die Erarbeitung von Lösungsvorschlägen. Um solche Projekte möglichst vollständig bewältigen zu können, sollte die Dauer des Praktikums mindestens drei Monate betragen.

- Bei einem Praktikum zur Bearbeitung einer Abschlussarbeit besitzen die Studenten bereits sehr umfangreiche Kenntnisse und können mit der selbständigen Bearbeitung eines Projektes betraut werden. Die Dauer sollte je nach Umfang des Projektes drei bis sechs Monate betragen, um einen Nutzen aus dem Praktikum zu ziehen, aber auch, um die Untersuchung möglichst vollständig im Verlauf des Praktikums zu bearbeiten.

- Hat der Praktikant bereits eine abgeschlossene Berufsausbildung absolviert, ist dies individuell zu berücksichtigen. Einfache Routinetätigkeiten sollten hierbei keine Rolle mehr spielen, sondern ein eigener Verantwortungsbereich sollte von vornherein gegeben sein.

3.2.3.1 Muster für einen Praktikumsplan

Die sorgfältige Abstimmung der zu vermittelnden Wissens- und Einsatzgebiete mit allen ausbildenden Stationen und dem Praktikanten selbst ist die Pflichtaufgabe des Personalverantwortlichen. Hilfreich hierfür ist die Beantwortung folgender Fragestellungen:

- Wofür dient das Praktikum? Soll es nur eine erste Orientierung bieten oder bereits vorhandene Kenntnisse vertiefen?
- Handelt es sich um ein Überblickpraktikum[27] oder Projektpraktikum[28]?
- Welche Fertigkeiten, Fähigkeiten und Kompetenzen müssen vermittelt werden? (Fachliche/soziale Kompetenzen)
- Welche Abteilungen und Bereiche soll der Praktikant dazu kennen lernen? Wie intensiv soll der Kontakt sein?
- Welche einzelnen Tätigkeiten müssen dazu ausgeführt werden?
- In welcher Form werden Lernfortschritte dokumentiert und evaluiert? Möglich sind beispielsweise Praktikumsberichte, Fördergespräche etc.

Ein ausgearbeiteter Praktikumsplan mit einzelnen Lernzielen sichert den Erfolg für den Praktikanten wie für das Unternehmen. Damit das Ziel, den Zeitplan, die Inhalte und das Lernziel transparent zu machen, erfüllt wird, könnte der Praktikumsplan wie folgt aussehen:

---

[27] **Überblickpraktikum:** Der Praktikant durchläuft systematisch die Abteilungen eines Hauses, er erhält dort jeweils eine Einführung und das Angebot, sich umfassend zu informieren und kleine Arbeitsaufgaben zu übernehmen.
[28] **Projektpraktikum:** Der Praktikant wird für die gesamte Praktikumszeit einer Abteilung oder einem Team zugeordnet und vor eine größere Aufgabe gestellt, die er in der Zeit bewältigen und zu einem Resultat bringen muss.

Zeitraum	Abteilung	Lerninhalte /-ziele	Betreuung
KW 30 - 34	Marketing	Kennen lernen des Produktmanagements für Produkt x; Begleitung des Produktmanager beim Abstimmungsprozess mit der Mediaagentur	Frau Schmidt
KW 35 - 39	Vertrieb	Begleitung eines Außendienstmitarbeiters beim Kundenbesuch	Herr Müller
KW 40 - 44	Presse- und Öffentlichkeit	Erstellung Pressemitteilungen Vorbereitung Pressekonferenz	Frau Maier

Abb. 28: Muster für einen Praktikumsplan [29]

Hat man sich mit dem Praktikanten vorab über die Einsatzgebiete und das zu vermittelnde Wissen geeinigt, sollten Lernziele definiert werden. Wichtig ist, die Zieldefinitionen gemeinsam mit dem Praktikanten zu besprechen und vorzunehmen. Anschließend müssen diese Zielvereinbarungen in konkrete Maßnahmenpläne umgewandelt werden.

3.2.3.2 Einführung des Praktikanten

Dem Praktikant muss vor Antritt seines Praktikums mitgeteilt werden, an welchem Tag und zu welchem Zeitpunkt er sich bei welchem Ansprechpartner zu melden hat. Anschließend sollte eine Unternehmensvorstellung - idealerweise zusammen mit einer Unternehmensführung - erfolgen. Es sollte genügend Zeit eingeplant werden, den Praktikanten bei allen für ihn relevanten Mitarbeitern persönlich vorzustellen, ihm seinen Arbeitsplatz zu zeigen, eine Einführung zu geben und dabei alle wesentlichen Informationen mitzuteilen. Darüber hinaus sollten alle notwendigen Informationsmaterialien (z.B. Firmenbroschüren/-berichte) bereitgehalten werden. Gegebenenfalls lohnt sich die Erstellung von speziellen Informationsbroschüren für Praktikanten, die alles Wissenswerte zum Unternehmen enthalten, z.B.: Welche Unternehmensleitlinien gibt es? Welche Produkte oder Dienstleistungen stellt das Unternehmen her bzw. erbringt das Unternehmen? Wer sind die Kunden, Abnehmer

---

[29] In Anlehnung an Hillebrecht, Steffen, Prof. Dr., (2005), Artikel: Strategien für den Praktikanteneinsatz, In: Personalmagazin 02/2005, S. 62

oder Nutzer? Woher bezieht das Unternehmen die Rohstoffe, die Arbeitsmaterialien oder das Know-how? Wie ist die Arbeitsteilung im Unternehmen gegliedert – welche Abteilungen haben welche Aufgaben?

Der Arbeitsplatz muss mit allen erforderlichen Arbeitsinstrumenten ausgestattet sein. Die erste Phase innerhalb des Praktikums dient zur Orientierung und zum Kennen lernen des Unternehmens, des Arbeitsumfeldes und der Kollegen. Je professioneller und informationsreicher die Einführung erfolgt, desto schneller ist der Praktikant einsatzbereit für konkrete Aufgabenstellungen.

Falls es für festangestellte Mitarbeiter Einführungsprogramme gibt, sollte man überlegen, in welchem Ausmaß man Praktikanten daran teilnehmen lassen kann und sollte. Der Vorteil ist, dass dem Praktikanten einen guten Überblick über das gesamte Unternehmen gewährt werden würde und es keinen zusätzlichen Aufwand darstellt, ihn an solchen Veranstaltungen teilnehmen zu lassen. Allerdings muss berücksichtigt werden, dass die Arbeitskraft des Praktikanten zu diesem Zeitpunkt nicht zur Verfügung steht. Gibt es eine Mitarbeiterzeitung, so könnte man dieses Instrument nutzen, die neuen Praktikanten vorzustellen.

3.2.3.3 Durchführung des Praktikums

Ist die Einführungsphase abgeschlossen, ist es wichtig, dass dem Praktikanten für den gesamten Zeitraum seines Praktikums ein Praktikumsbetreuer oder Mentor zur Seite steht. Die Wichtigkeit dieser Maßnahme haben auch die Ergebnisse der Praktikanten-Befragung bestätigt. Jedoch sollte nicht immer obligatorisch derselbe Mitarbeiter als Mentor oder Betreuer verpflichtet werden, sondern abhängig von dem aktuellen Projekt, des Arbeitsauslastungsgrades, der Urlaubsplanung oder Krankheitsfällen etc. sollte jeweils neu überlegt werden. Werden immer nur dieselben Mitarbeiter auf unfreiwilliger Basis ausgewählt, können diese es als immer wieder kehrende Belastung empfinden und entsprechend demotiviert handeln. Ebenfalls notwendig sind nach einem ausführlichen Einstiegsgespräch, die regelmäßigen Feedbackgespräche. Diese ermöglichen dem Praktikanten die kontinuierliche konstruktive Rückmeldung bezüglich seiner Arbeit. Darüber hinaus hat der Praktikant dabei die Gelegenheit, auch selbst Feedback zu geben. Eventuelle Unstimmigkeiten oder Missverständnisse lassen sich bereits im Laufe des

Praktikums klären und Verbesserungspotentiale können direkt umgesetzt werden. Dieser Soll-Ist-Vergleich wird jedoch nicht immer angewendet, was die empirische Erhebung gezeigt hat. Aber genau an dieser Stelle kann gegen eine Über- oder Unterforderung, Motivationsprobleme, Probleme mit dem Aufgabengebiet oder mit der Ausgewogenheit der Aufgabenstellungen entgegengewirkt werden oder einem vorzeitigen Abbruch des Praktikums vorgebeugt werden. Die nachfolgende Grafik veranschaulicht den Kommunikationsprozess mit dem Praktikanten.

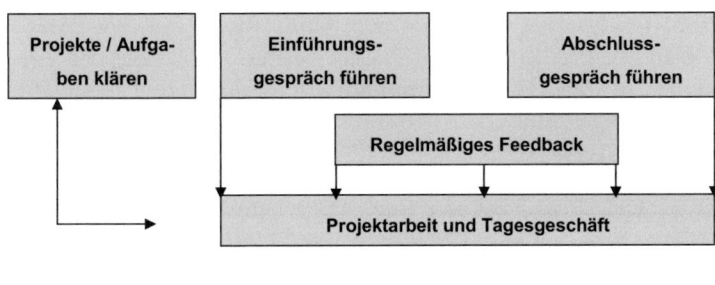

Abb. 29: *Gesprächsleitfaden Praktikum*[30]

Darüber hinaus bieten regelmäßige Gespräche auch die Möglichkeit, dass der Praktikant Optimierungspotentiale aufzeigen kann: Der Praktikant hat i.d.R. noch keine Branchen- bzw. Unternehmensbrille auf und kommt mit frischem Theorie-Wissen. Generell sollte der Praktikant zur Offenheit ermutigt werden, er soll das Gefühl bekommen, jederzeit mit Anregungen aber auch mit Problemen zu seinem Betreuer kommen zu können.

Wichtig ist auch die Klärung der Frage, wer gegenüber dem Praktikanten weisungsbefugt ist. Es sollte nicht jeder ohne vorherige Abstimmung auf den Praktikanten zurückgreifen können. Der Praktikumsbetreuer hat in Abstimmung mit der Personalabteilung die Weisungskompetenzen festzulegen.

---

[30] In Anlehnung an Unternehmenspublikation: Daimler Chrysler, Internes Marketing und Qualitätssicherung im Praktikanteneinsatz, Konferenz Management Circle 12./13.06.2001, S. 14

In der Fachabteilung sollten die Praktikanten im Idealfall mit Projekten betraut werden. Der Lernerfolg für den Praktikanten und der Mehrwert für das Unternehmen sind besonders groß, wenn der Praktikant selbständig ein definiertes Projekt bearbeiten kann, das seinen Interessen und Fähigkeiten entspricht. Ist das Praktikum an ein konkretes Projekt gekoppelt, kann die Zielerreichung bzw. der Erfolg des Praktikanten eindeutiger gemessen werden, als wenn dies nicht der Fall ist.

Ein Betreuungsprogramm kann den Praktikanten die soziale Integration in die Abteilung des Unternehmens erleichtern. Obwohl ein solches Betreuungsprogramm (z.B. Stammtisch, Intranet-Portal) zentral vom Personalbereich angeboten werden kann, liegt die Verantwortung in der Durchführungsphase hauptsächlich bei der Fachabteilung.[31]

Erfolgskontrolle:

Die zentrale Frage bei der Evaluation von Praktika lautet für beide Seiten: Was hat das Praktikum dem Unternehmen gebracht und was dem Praktikant? Um aus jedem Praktikum lernen zu können, sollte das durchgeführte Praktikum einer kritischen Analyse unterzogen werden: Zunächst erfolgt eine Leistungsbeurteilung nach Beendigung des Praktikums durch den Vorgesetzten. Als Beurteilungskriterien werden die in der Stellenausschreibung definierten Anforderungen herangezogen sowie die Eigenleistung bei der eigenständigen Arbeit gemessen. Die Einbindung von EDV-gestützten Tools ermöglicht die Kontrolle und im Anschluss die nötige Nachhaltigkeit.

3.2.4.1 Feedbackprozess

Unmittelbar vor der Beendigung des Praktikums sollte es ein ausführliches Gespräch zwischen dem verantwortlichen Praktikumsbetreuer bzw. Betreuer aus der Fachabteilung und dem Praktikanten geben. Folgende Fragestellungen sollten hierbei besprochen werden:

Hat der Praktikant sich wohl gefühlt? Hatte er das Gefühl, das Praktikum war sinnvoll, er hat etwas gelernt und es hat sich für ihn gelohnt? Was ist für ihn besonders positiv, was eher negativ verlau-

---

[31] DGFP e.V. (Hrsg.), (2006), 1. Auflage, Erfolgsorientiertes Personalmarketing in der Praxis, W. Bertelsmann Verlag, S. 73-75

fen? Welche Verbesserungsvorschläge kann er machen? Gab es Schwierigkeiten? Wenn ja, in welcher Form? Wurde das Praktikumsziel (Projekt-/Arbeitsziel) erreicht? Wenn nein, warum nicht? Sind die einzelnen Praktikumsphasen (z.b. Einarbeitung) zufriedenstellend verlaufen? Konnte eine umfassende Betreuung gewährleistet werden?

Um alle wesentlichen Kriterien auch im Nachhinein verwenden zu können, ist eine schriftliche Dokumentation der Gesprächsinhalte erforderlich. Der Praktikant sollte einen Praktikumsbericht erstellen, indem die wahrgenommenen Aufgaben, die vermittelten Kenntnisse, die gewonnenen Erfahrungen sowie die persönlichen Eindrücke wiederzugeben sind. Somit wird der Praktikumsprozess zur beiderseitigen Kontrolle festgehalten. Sollte dieser Bericht nicht sowieso aufgrund der Hochschulbestimmungen bei einem Pflichtpraktikum obligatorisch sein, sollten Unternehmen und Praktikant diese Vereinbarung treffen. Aufgrund dieses Praktikumsberichtes werden die „Meilensteine" des Praktikums dargestellt und festgehalten. Der Bericht erlaubt eine Überprüfung der Zielerreichung oder ggf. Korrektur des „Kurses", falls sich herausstellen sollte, das sich der Praktikant nicht mehr auf der „Zielgeraden" befindet. Insbesondere bei einem mehrmonatigen Praktikum ist ein solches Mittel äußerst sinnvoll. Das gemeinsame Besprechen des Praktikumsberichtes sollte vierzehntägig oder mindestens monatlich erfolgen.

Darüber hinaus kann es sinnvoll sein, den Praktikanten einen Beurteilungsbogen ausfüllen zu lassen. Damit auch eine aussagekräftige Beurteilung möglich ist, kann dieser Feedbackbogen auch erst nach der Zeugniserstellung ausgefüllt werden.

Anschließend sollte die Bewertung des Praktikanten aus Unternehmenssicht erfolgen. Ein qualifiziertes Feedback berücksichtigt die Methodik der konstruktiven Kritik[32]. Auch hierzu können standardisierte Beurteilungsbögen sinnvoll sein. Um die Aussagekraft zu erhöhen, wäre es sinnvoll, diesen Bogen von mindestens zwei oder drei Mitarbeitern bzw. Vorgesetzten ausfüllen zu lassen, die am intensivsten mit dem Praktikanten zusammenarbeiten.

Hierbei sollte folgendes festgehalten werden: In welcher Abteilung war er beschäftigt? Welches waren die Aufgaben, die er zu erledigen hatte? Wie ist seine Arbeitsqualität (Genauig-

---

[32] **Konstruktive Kritik**: Kritik, die durchaus erwünscht ist, sollte in einer Form, die nur Sachen oder Sachverhalte betrifft, aber nicht Personen, geübt werden

keit/Zuverlässigkeit) bzw. Arbeitsquantität (Zielstrebigkeit/Arbeitstempo) zu beurteilen? Wie kam er mit Schwierigkeiten zurecht? Hatte er Ideen zur Lösung von Problemen? Wie reagierte er in Stresssituationen? War er selbständig, vielseitig, lernfähig? Wie arbeitete er im Team? Konnte er sich einordnen? Ist er kommunikativ? Ist er kritikfähig? Wie war sein Auftreten, seine Umgangsformen? Sind seine Zukunftspläne bekannt? Wie ist seine Einstellung zum Unternehmen? Wie die Art und Weise des Auftretens, seine Ausdrucks- und Redegewandheit bzw. sein Verhalten bei der Arbeit (Güte, Tempo, Systematik, Initiative, Durchschlagkraft)? Wie verhielt er sich gegenüber Vorgesetzten, Mitarbeitern, Vertragspartnern (Kunden/Lieferanten)?

Sind die Zukunftspläne des Praktikanten bekannt bzw. kommt er für das Unternehmen in Frage? Wenn ja, für einen Direkteinstieg oder als Trainee? Für welche Abteilungen oder Position? Soll der Praktikant in ein Praktikantenprogramm aufgenommen werden? Soll ihm die Möglichkeit einer Werkstudententätigkeit oder zur praxisorientierten Abschlussarbeit in Kooperation mit dem Unternehmen angeboten werden?

Um eine hohe Aussagekraft der Beurteilung zu gewährleisten, sollte die Personalabteilung einen engen Kontakt zur jeweiligen Fachabteilung halten und als Benchmarkgeber durch eine definierte Auslegung der Beurteilungskriterien fungieren. Auch die Betreuungsqualitäten der Praktikumsbetreuer oder Mentoren sollten evaluiert und ihnen anschließend mitgeteilt werden.

Aufgrund dieser Daten ist außerdem die Ausstellung eines Zeugnisses, dass zu den Pflichten des Arbeitgebers gehört, möglich. Auf ein einfaches Zeugnis[33] hat ein Praktikant in jedem Fall einen Anspruch. In dieser Form enthält es aber keine Informationen über die Leistungen des Praktikanten. Deshalb sollte der Praktikumsgeber ein qualifiziertes Zeugnis ausstellen, insbesondere dann, wenn die Praktikumsdauer über drei Monate hinausgeht. Für das Unternehmen als Praktikumsgeber ist dieser Mehraufwand letztlich

---

[33] § 109 (1) Satz 1 Gewerbeordnung (GewO): Der Arbeitnehmer hat bei Beendigung eines Arbeitsverhältnisses Anspruch auf ein schriftliches Zeugnis. Satz 2: Das Zeugnis muss mindestens Angaben zu Art und Dauer der Tätigkeit (einfaches Zeugnis) enthalten. Satz 3: Der Arbeitgeber kann verlangen, dass sich die Angaben darüber hinaus auf Leistung und Verhalten im Arbeitsverhältnis (qualifiziertes Zeugnis) erstrecken.

nehmen als Praktikumsgeber ist dieser Mehraufwand letztlich eine Dokumentationshilfe zur Beurteilung des Praktikanten.

3.2.4.2 Qualitätssicherung

Die Ergebnisbögen und Beurteilungen von Praktikanten sowie die Feedbackbögen aller am Praktikumsprozess beteiligten Mitarbeiter werden im regelmäßigen Turnus ausgewertet. Darüber hinaus werden die Kennzahlen des Controllings bezüglich des Bewerbungs- und Betreuungsprozesses hinzugezogen. Aufgrund dieser Ergebnisse müssen die Standards für Vermittlung, Einsatz und Betreuung von Praktikanten ggf. neu definiert, konsequent umgesetzt und flexibel angepasst werden.

Nachbetreuung

Die Praktikanten, welche die Fachabteilungen mittelfristig als feste Mitarbeiter gewinnen möchten, sollten in einer Datenbank erfasst werden. Wenn möglich, sollten sie auch nach dem Praktikum regelmäßig Informationen aus dem Unternehmen (z.B. Newsletter) erhalten und können zu speziellen Veranstaltungen (z.B. Exkursionen für (ehemalige) Praktikanten, Präsentationstrainings) eingeladen werden. Ziel ist es, den Kontakt zu ihnen und ihr Interesse am Unternehmen aufrechtzuerhalten. Im Idealfall kann zur Bindung an das Unternehmen die Implementierung so genannter Praktikantenprogramme erfolgen, auf die ausführlich am Ende des Kapitels eingegangen wird. Da sich bei den meisten Praktikanten um Studierende, die zunächst ihr Studium beenden müssen, handelt, muss der Kontakt zu ihnen gepflegt werden, um sie mittelfristig für das Unternehmen gewinnen zu können.

3.2.5.1 Datenbank für Praktikanten

Die Fachabteilungen oder die Personalabteilung können im unternehmenseigenen Intranet vakante Stellen eingeben. Wird der Praktikant als potentieller Mitarbeiter bewertet, erhält er Zugang zu dieser Datenbank und kann so direkt mit den Verantwortlichen Kontakt aufnehmen, um sich zu bewerben. Darüber hinaus kann er sein eigenes Profil veröffentlichen, dadurch selbst für eine passende Stelle gefunden werden sowie ggf. einen studentischen Aushilfsjob, ein Auslandspraktika (wenn es sich bei dem Unternehmen um ein international agiert) oder die Möglichkeit zu einer praxisorientierten Untersuchung erlangen. Dies erfordert die Eigeninitiative des Studenten, da er durch Selbsteinpflege seiner Daten die Personaladministration entlastet. Einer der Vorteile ist, dass die Personalabteilung problemlos auf die Daten zugreifen kann. Darüber hinaus sind Mailing-Aktionen möglich und der Auswahlprozess erfolgt bereits Internet-basiert. Diese Informationen können gleichzeitig als Basis für den Nachwuchspool dienen, somit sind alle Praktikanten für alle Fachabteilungen „sichtbar" und niemand „geht unter".

3.2.5.2 Diplomarbeiten / Thesis

Eine weitere Möglichkeit, den entstandenen Kontakt zu intensivieren, ist die Kooperation des Unternehmens mit dem Praktikanten in Form eines Abschlussarbeitsprojektes. Die Betreuung von Hochschulabschlussarbeiten ist in mehrfacher Hinsicht für Unternehmen interessant: Einerseits lernt das Unternehmen einen baldigen Hochschulabsolventen kennen und erhält Einblicke in dessen Arbeitsverhalten. Andererseits bekommt es über die Arbeit nützliche, im Idealfall wissenschaftlich fundierte Informationen zur Entscheidungsvorbereitung, zur Prozessoptimierung oder für die Neukonzeption von Unternehmensaktivitäten. Entscheidend für den Nutzen einer Abschlussarbeit ist, dass das Projekt vorbereitet, durchgeführt und nachbereitet wird. Je intensiver die Betreuung ist, umso größer ist die Relevanz der Ergebnisse für das Unternehmen und umso detaillierter sind die Einblicke, die man in die Arbeit des Studenten erhält. Darum lohnt es sich, aus inhaltlicher wie auch aus rekrutierungsbezogener Sicht, hier Zeit zu investieren.

3.2.5.3 Das Praktikantenprogramm

Um exzellente Praktikanten bis zu ihrem Studienende an das Unternehmen zu binden und sie später z.B. als Trainee oder Assistent einzustellen, implementieren immer mehr Unternehmen so genannte Praktikantenprogramme. Praktikantenprogramme sind als integrativer Bestandteil des Hochschulmarketings, Förderprogramme mit unterschiedlichen Inhalten. Das Ziel besteht aus der Steigerung der Praktikantenzahlen trotz rückläufiger Studentenzahlen sowie die Bindung des Praktikanten an das Unternehmen. Die Ausgangsbasis für ein Programm zur Bindung der „Right Potentials" ist eine wettbewerbsorientierte Grundthese: Aufgrund der stark gestiegenen Hochschulaktivitäten vieler Unternehmen und der knappen Zahl attraktiver Hochschulabsolventen suchen viele Unternehmen nach einem frühzeitigen Bindungskonzept von Studenten.[34] Die i.d.R. bezahlten Praktika richten sich an Studenten im Hauptstudium und haben das Ziel, Leistung und Kooperationsfähigkeit des Praktikanten auch unter dem Aspekt der zukünftigen Mitarbeit zu bewerten. Bietet ein Unternehmen ein solches Praktikantenprogramm an, ist davon auszugehen, dass das Unternehmen Praktika als tatsächliches Nachwuchsrekrutierungsmittel ansieht und diese auch qualitativ hochwertig durchführt. In einem solchen Fall weiß das Unternehmen schließlich genau, wen es einstellt und hat die Risiken der Personalauswahl minimiert. Voraussetzung für eine Aufnahme in ein so genanntes Praktikantenprogramm ist eine gute Beurteilung des Praktikanten.

Praktikantenprogramme sind allerdings – abhängig von den Inhalten – ein mehr oder minder großer Kostenfaktor und somit nicht für jedes Unternehmen implementierbar. Der Bonner Unternehmensberater Michael Geke, der für Unternehmen Personalprozesse optimiert, schätzt die Kosten für Aufbau und Betrieb eines Pools von 200 Praktikanten auf rund 200.000 Euro jährlich. Ab einem gewissen Personalbedarf lohnen sich diese Kosten durchaus. Bei beispielsweise 30 Einstellungen jährlich aus diesem Pool ergeben sich pro neuen Mitarbeiter Kosten von unter 7.000 Euro – und damit weniger als halb so viel, wie sonst für Neueinstellungen angesetzt wird.[35] Der Gesamterfolg des Förderprogramms zeigt sich erst bei der Effektivitätsmessung: Das Praktikantenprogramm muss gegenüber der Einstellung von Hochschulabsolventen pro eingestelltem Mitarbeiter höchstens genauso teuer sein, in der Performancebeurteilung der Mitarbeiter nach ½ bis 1 Jahr deutlich differenzieren und einen intensiveren Multiplikatoreneffekt generieren. Es lohnt sich nur dann, wenn mittelfristig die Rekrutingergebnisse positiv sind und ein Image-Effekt nachweisbar ist.[36] Jedoch sollte jeder Praktikumsgeber überlegen, ob er nicht die eine oder andere (kostengünstige) Maßnahme übernehmen kann.

---

[34] Vgl. Unternehmenspublikation: Upgrade – the human resources company AG, Bindung der „Right" Potentials an das Unternehmen, Konferenz Management Circle, 13.06.2001, S. 3
[35] Vgl. Jobguide Praktikum, (2006), Ausgabe 2006/07, Matchbox Media Verlag, S. 12
[36] Vgl. Unternehmenspublikation: Upgrade – the human resources company AG, Bindung der „Right" Potentials an das Unternehmen, Konferenz Management Circle, 13.06.2001, S. 42

Mögliche Inhalte eines Praktikantenprogramms:
- Teilnahme an Bildungsmaßnahmen, Workshops und regelmäßigen Treffen
- Teilnahme an firmeninternen Veranstaltungen und Special Events
- Bezug von aktuellen Informationen und Fachliteratur zu dem Unternehmen und der Branche
- Nutzung von internen Datenbanken
- Einladungen zu Fachmessen
- Abonnement der Mitarbeiterzeitschrift
- Vermittlung von Praktika, Diplomarbeitstehen oder Werkstudentenplätzen (wenn möglich auch international)
- Datenbank zum Eigenmarketing: Implementierung des eigenen Profils (z.B. Electronic CV) zur Selbstpräsentation und als Ausgangspunkt zur Netzwerkbildung (z.B. mit Hilfe des Intranets)
- Mentoring und Entwicklungsgespräche
- Beratung zu Studien- und Berufsfragen
- Vermittlung von adäquaten Einsatzmöglichkeiten im Unternehmen nach Studienende.

Durch das Praktikantenprogramm profiliert sich das Unternehmen als innovatives und zukunftsorientiertes Unternehmen. Es kann dadurch unternehmenseigene Werte vermitteln und bereits frühzeitig im Bereich der Nachwuchssicherung und –förderung ansetzen. Darüber hinaus bietet ein Praktikantenprogramm eine detaillierte und genaue Beurteilung des Kandidaten in der jeweiligen Funktion bzw. bei der jeweiligen Aufgabe. Als Kennzahl zur Erfolgskontrolle des Praktikantenprogramms sollte die Anzahl der eingestellten Praktikanten eines Jahrgangs im Verhältnis zur Gesamtzahl der Praktikanten gesetzt werden sowie die Bewertung des Praktikantenprogramms durch die Praktikanten erfolgen.[37]

---

[37] Vgl. DGFP e.V. (Hrsg.), (2006), 1. Auflage, Erfolgsorientiertes Personalmarketing in der Praxis, W. Bertelsmann Verlag, S. 87

4. Ausblick

Welche Bedeutung dem Praktikum zukünftig beigemessen wird, lässt sich nicht mit Bestimmtheit sagen. Die empirische Studie hat ergeben, dass 2/3 der befragten Unternehmen an einen gleich bleibenden Stellenwert glaubt und 1/3 der Meinung ist, dieser würde zunehmen. Legt man die öffentlichen Aussagen der Unternehmensvertreter sowie die Forderungen der Politik zugrunde, so gewinnt man den Eindruck, dass Praxisrelevanz und Praktika aus dem Studium nicht mehr wegzudenken sind. Berücksichtigt man ferner den Qualifikationsbedarf des zukünftigen Arbeitsmarktes, so scheint auf den ersten Blick, quantitativ und qualitativ, der Stellenwert von Praktika während des Studiums zu steigen.

Wenn allerdings aufgrund der demografischen Entwicklung die Bevölkerung im erwerbsfähigen Alter schrumpft, könnte ein solcher Arbeitskräftemangel nicht mehr auszugleichen sein. „Ich frage mich tatsächlich, ob die Unternehmen begriffen haben, was die Stunde geschlagen hat", sagt Hilmar Schneider, Direktor für Arbeitsmarktpolitik am Bonner Institut Zukunft der Arbeit (IZA). „Gut ausgebildete Leute kann man sich nicht einfach pflücken, man muss sie heranreifen lassen."

4.1. Einflussfaktoren auf Praktika in der Zukunft

Nachfolgend werden die wesentlichen Faktoren und ihre Entwicklungstendenzen beschrieben, die auf die Ausgestaltung von Praktika zukünftig Einfluss nehmen werden.

Die demografische Herausforderung

Das Statistische Bundesamt nimmt in seinem Bericht zur Bevölkerungsentwicklung Deutschlands bis 2050 die Einschätzung vor, dass zukünftig weniger potenzielle Arbeitnehmer den Unternehmen zur Verfügung stehen. Diese Entwicklung erfolgt aufgrund der Prämissen, die Bevölkerungszahl nimmt ab, aufgrund niedriger Geburtenhäufigkeit und nicht ausreichend hohen Zuwanderungsgewinnen sowie eine nicht erfolgende Trendumkehr durch Zuwanderung oder ein Umdenken in der Familienplanung. Aufgrund der Annahme, die Wirtschaft wachse im langjährigen Mittel weiterhin, wird der Bedarf an qualifizierten Arbeitskräften steigen.[38] Mittlerweile kommen die unterschiedlichsten Studien zum gleichen Ergebnis, dass im nächsten Jahrzehnt der Nachwuchs fehlen wird. Seit den neunziger Jahren tendieren Abiturienten dazu, eine Lehre statt eines Studiums zu absolvieren, weshalb eine Stagnation bei den Zugängen zur Hochschule zu verzeichnen ist.

Die zunehmende Akademisierung der Berufswelt

Auch in Zukunft kann mit einer starken Zunahme an Arbeitsplätzen mit hohen Qualifikationsanforderungen gerechnet werden. Zu diesem Ergebnis kommt die IAB/Prognose-Projektion zur Arbeitslandschaft 2010.

Die Studie untersuchte die Beschäftigungsentwicklung nach Tätigkeitsfeldern und Qualifikationsniveau und stellt zusammenfassend fest, dass sich der Trend zu anspruchsvolleren Tätigkeiten (Führungsaufgaben, Organisation und Management, qualifizierte Forschung und Entwicklung, Betreuung, Beratung, Lehren, Publizieren u. Ä.) fortsetzen wird und somit die Qualifikationsgruppe der Akademiker von dem sich vollziehenden Strukturwandel am stärksten profitieren wird. Der Anteil der Arbeitskräfte, die diese Tätigkeiten mit hohen Anforderungen leisten, wird nach den Ergebnissen der Studie von 35 Prozent in 1995 bis zum Jahr 2010 auf gut 40 Prozent steigen. [39]

Wie sich der Arbeitskräftebedarf nach Qualifikationsebenen bis 2010 wahrscheinlich entwickeln wird, zeigt die nachstehende Tabelle. Es wird mit einer dramatischen Veränderung der Qualifikationsstruktur der Erwerbstätigen bis zum Jahre 2010 gerechnet. Die Gesellschaft wird in der Zukunft eher mehr, denn weniger qualifizierte Menschen benötigen.

---

[38] Vgl. Statistisches Bundesamt (2003): Bevölkerung Deutschlands bis 2050. 10. koordinierte Bevölkerungsvorausberechnung, Zugriff vom: 20.04.06, Dokument 18 auf der Diplom-CD
[39] IAB Kurzbericht Ausgabe Nr. 10 / 27.8.1999; IAB Kurzbericht Ausgabe Nr. 9 / 26.8.1999; IAB Kurzbericht Ausgabe Nr. 15 / 2000; Beiträge zur Arbeitsmarkt- und Berufsforschung (BeitrAB) 227; IAB Werkstattbericht Ausgabe Nr. 4 / 23.4.2002

Qualifikationsebene:	1995	2010
Lehre	61	60
Fachschule	9	12
Fachhochschule	5	7
Universität	9	10
ohne Ausbildung	17	11

Abb. 30: *Erwerbstätige nach Qualifikationsebenen Gesamtdeutschland, ohne Auszubildende in Prozent*[40]

Aus arbeitsmarktpolitischer Sicht wird davon ausgegangen, dass sich mit weiter anwachsender Bedeutung des Dienstleistungssektors, der Verbreitung neuer Technologien und der Internationalisierung der Märkte, die Tendenz zu höheren Qualifikationsanforderungen fortsetzen wird und dem „Humankapital als Standortfaktor" noch mehr Bedeutung zukommen wird. Nach Prognosen und Modellrechnungen wird sich die Akademisierung der Arbeitswelt in den nächsten Jahren ausweiten. Vor allem im Tätigkeitsfeld „Management/Organisation" wird nach Analysen von IAB/Prognose-Projektion 1999 mit radikalen Änderungen gerechnet.

---

[40] In Anlehnung an: IAB/Progrnose-Projektion 1999 (IAB-Projekt 1/4-436A))

Qualifikationsebene:	1995	2010
Höher qualifizierte Tätigkeiten: Führungsaufgaben, Organisation und Management, qualifizierte Forschung und Entwicklung, Betreuung, Beratung, Lehren u.ä.	35	41
Mittel qualifizierte Tätigkeiten: Fachtätigkeiten in der Produktion, Maschinen einrichten, reparieren, Fachver(ein-)käufer, Sachbearbeiter, Assistententätigkeiten in Forschung und Entwicklung, nichtakademische Betreuung u.ä.	46	44
Einfache Tätigkeiten: Hilfstätigkeiten in Produktion, Reinigung, Bewirtung, Lagerhaltung, Transport, einfache Bürotätigkeiten, Verkaufshilfen u.ä.	20	16

Abb. 31: *Entwicklung des Akademikeranteils an den Beschäftigten*[41]

Die Hochschulreform

Die deutsche Hochschullandschaft befindet sich im Umbruch. Immer mehr Universitäten, Fachhochschulen und Berufsakademien ersetzen die bisherigen Diplom- und Magisterabschlüsse durch Bachelor- und Masterstudiengänge. Bis 2010 werden die Umsetzungen der Vereinbarungen in der so genannten „Bologna-Erklärung" abgeschlossen sein, zu der sich im Juni 1999 insgesamt 29 europäische Staaten verpflichtet haben.[42]

---

[41] In Anlehnung an: IAB/Prognose-Projektion 1999 (IAB-Projekt 1/4-436A))
[42] Hintergründe der „Bologna-Erklärung" ist die bessere Vergleichbarkeit und Abstimmung der Studiengänge, um für eine wechselseitige europaweite Anerkennung zu sorgen und die Studenten zu einer höheren Mobilität zu bewegen, indem sie Studienleistungen garantiert von einer europäischen Hochschule zu einer anderen übertragen können. Auch die Qualitätskontrolle der Hochschullehre soll durch die Voraussetzung gemeinsamer Standards verbessert werden. Die Einhaltung dieser Standards soll über Evaluierungen und Akkreditierungen durch unabhängige Dritte gewährleistet wird. Vgl. Personalmagazin, (Ausgabe 10/2005), Personalabteilungen als Prüfungsinstanz, Haufe Verlag, S. 56-57

4.1.3.1 Die Personalabteilungen als Prüfungsinstanz

Die Umstellungen bei den Studienordnungen und –leistungen, die sich durch die Bachelor- und Masterstudiengänge ergeben, wirken sich auch auf die Anforderungen für Pflichtpraktika im Unternehmen aus. Wenn bisher das Absolvieren eines Pflichtpraktikums mit Vorlage einer Praktikumsbescheinigung als Nachweis und zur Anerkennung als Studienleistung ausreichte, so müssen nun Pflichtpraktika eine genau definierte und prüfbare Studienleistung beinhalten.

Bei der Frage, wo Studenten ihr Pflichtpraktikum absolvieren möchten, werden sie also verstärkt die Frage stellen, inwiefern der Praktikumsplatz auch eine Prüfungsleistung ermöglicht. Die Personal- oder die Fachabteilung wird gleichsam zu einer „Außenstelle des Hochschulprüfungsamts". Um für diese Umstellung gut gerüstet zu sein, sollten Personalleiter und Praktikantenausbilder folgendes berücksichtigen:

- In der jeweiligen Studienordnung (Modulbeschreibung) werden die inhaltlichen Anforderungen an ein Praktikum beschrieben und auch das Niveau der bisher erbrachten Studienleistungen ist zu entnehmen.
- Die genaue Aufgabenstellung für das Praktikum ist mit Hilfe des Praktikantenamts oder des betreuenden Professors zu vereinbaren. Hierbei sollte auch geklärt werden, in welcher Form die Fragestellung auf das jeweilige Unternehmen (Besonderheiten der Branche, der Unternehmensgröße etc.) abgestimmt werden kann.
- Zu klären ist, ob ein Mitarbeiter des Unternehmens für die Begutachtung der Studienleistung benötigt wird und welche formalen Voraussetzungen dafür zu erfüllen sind (z.B. notwendiger Studienabschluss im Sinne der Prüfungsberechtigung nach dem jeweiligen Hochschulgesetz, Prüfungszeit bis zur Notenabgabe).
- Ob die gegebene Fragestellung tatsächlich in der Praktikumszeit zu bearbeiten ist, muss mit der jeweiligen Fachabteilung besprochen werden.
- Mit dem Praktikanten sollte vereinbart werden, wie viele Stunden der Arbeitszeit für die Klärung und Bearbei-

tung der Fragestellung verwendet werden darf (z.B. ein Tag pro Woche).

Somit wird der Verwaltungs- und Koordinationsaufwand insgesamt deutlich höher. Dem steht allerdings zumindest ein gewisser Nutzen in Gestalt der nach wissenschaftlichen Kriterien erarbeiteten Lösungsvorschläge gegenüber: Diese könnten für Unternehmen mit erprobtem Praktikantenmanagement ein zusätzlicher Anreiz sein, auch weiterhin in der studentischen Praktikantenausbildung aktiv zu sein.[43] Wie die empirische Erhebung gezeigt hat, sieht die Mehrheit der befragten Unternehmen dieser Entwicklung durchaus positiv entgegen und glaubt nicht, deshalb ihre Aktivitäten hinsichtlich der Beschäftigung von Praktikanten zu reduzieren.

4.1.3.2 Die Verkürzung der Studienzeit

Praktika werden in Zukunft oft nur noch in den Ferien möglich sein – das glauben 19,5 Prozent der Teilnehmer einer Umfrage der Praktikumsbörse Praktika.de. Der Grund für diese Annahme ist die Tatsache, dass durch die Einführung der neuen Bachelorstudiengänge und die damit verbundenen kürzeren Studienzeiten, weniger Zeit für Praxiserfahrungen ist. 20,4 Prozent der 1.606 befragten Studenten glauben, dass Praktika auf das Studienende beschränkt bleiben werden. 13,4 Prozent sind der Ansicht, dass die Anzahl ihrer Praktika abnehmen wird. Auch Unternehmen müssen Konzepte entwickeln, die zu den neuen Studienplänen passen. Drei- bis sechsmonatige Praktika, werden nicht mehr ohne weiteres möglich sein.[44] Dr. Martin Wansleben, Hauptgeschäftsführer des DIHK, meint dazu: "Die zentrale Bedeutung des Praxisbezugs zieht sich wie ein roter Faden durch die gesamte Studie. Einer Verkürzung des Studiums durch die neuen Bachelorprofile dürfen auf keinen Fall die Praxisanteile zum Opfer fallen".[45]

---

[43] Hillebrecht, Steffen, Prof. Dr., (2005), Artikel: Personalabteilung als Prüfungsinstanz. In: Personalmagazin, Ausgabe 10/2005, S. 56
[44] Vgl. Jobguide Praktikum, (Ausgabe 2006/07), S. 6; Herausgeberin Annette Eicker.
[45] Vgl. DIHK Studie: Erwartungen an Hochschulabsolventen, Zugriff 11.04.06, Dokument 20 auf der Diplom-CD

Die Bedeutung von Praktika

Das Absolvieren von Praktika sollte mittlerweile für jeden Hochschulabsolventen selbstverständlich sein, für High Potentials – die Führungskräfte von morgen – ist dies sogar unabdingbar, wie eine von Kienbaum Executive Consultants durchgeführte Befragung zum Thema „High Potentials"[46] zeigte. Interessant hierbei waren folgende Erkenntnisse: Bei der Frage: „Wie definieren Unternehmen den Begriff „High Potential""?[47] war die Angabe „Praktische Erfahrungen im Rahmen von Praktika oder erster Berufserfahrung" bereits an fünfter Stelle zu finden. Bei der Frage „Nach welchen Kriterien wählen Unternehmen ihre High Potentials aus?" rangieren Praktika als unabdingbares Kriterium sogar vor Sprachen und Auslandsaufenthalten oder Studienschwerpunkte. Bei der Frage: „Welche Qualifikationen werden an Bedeutung gewinnen?" kommt das Kriterium Praxisorientierung im Studium an der dritten Stelle hinter Sozialkompetenz und Auslandserfahrungen während des Studiums. Sogar bei dem Thema Einstiegsgehalt sind über 50 Prozent der befragten Unternehmen der Meinung, dass Praktika einen mittleren bis großen Einfluss nehmen. Zusammengefasst lässt sich festhalten, dass die Bedeutung von Praktika immens zugenommen hat und mit zum wichtigsten Auswahlkriterium wurde. Gute schulische und akademische Leistungen sind weiterhin nur Voraussetzung, um in einen Selektionsprozess zu gelangen. In diesem entscheiden dann andere Faktoren.[48]

Der "War for Talent" ist trotz der wirtschaftlich schwierigen Situation in Deutschland für Arbeitgeber ein akutes Problem. Rund 50 Prozent der Unternehmen haben Schwierigkeiten, offene Stellen zu besetzen. Mittelfristig gehen deutsche Firmen wegen der erwarteten konjunkturellen und demografischen Entwicklung sogar von einem generellen Nachfrageüberhang aus. Der Berufseinstieg gelingt dem Nachwuchs immer öfter über ein Praktikum. Dies sind die Hauptergebnisse der Umfrage "Personalmarketing und Recruiting im

---

[46] Im Rahmen der Kienbaum Executive Consultants Studie „High Potentials" wurden in 2002 230 deutsche Unternehmen befragt.
[47] Siehe Anlage A 9: Kienbaum Executive Studie: High Potentials – der Anspruch ist hoch, Download 20.04.06, Dokument 9 auf der Diplom-CD
[48] Siehe Anlage A 9: Kienbaum Executive Studie: High Potentials – der Anspruch ist hoch, Dokument 9 der Diplom-CD

Aufwind".[49] Die Bedeutung von Praktika hat sowohl für die Arbeitgeber als auch für den Nachwuchs weiter zugenommen. Durch anspruchsvolle Arbeitsinhalte, ein hohes Maß an Eigenverantwortung sowie durch intensive Nachbetreuung binden Unternehmen schon früh Toptalente an sich. Mehr als die Hälfte der Firmen bevorzugt ehemalige Praktikanten als Neueinsteiger.

Praktika gehören heutzutage für fast alle Studierende einer Hochschule zum Pflichtprogramm im Studienablauf. Sie helfen bei der Vorbereitung auf die späteren Tätigkeiten nach dem Studienabschluss und sollen den Berufseinstieg erleichtern. Zu einer vergleichbaren Einschätzung kommt auch die Bund-Länder-Kommission für Bildungsplanung und Forschungsförderung (BLK) und die Bundesanstalt für Arbeit: „Der Nachweis berufsbezogener studienbegleitender Praktika wird für eine gute Position im Wettbewerb um die Jobs immer wichtiger."[50] Insbesondere Unternehmen mit hohem Personalbedarf in einem hart umkämpften Bewerbermarkt können es sich nicht erlauben, auf irgendeinen Rekrutierungsweg komplett zu verzichten. Praktikantenprogramme stellen für beide Seiten ein sehr gutes Auswahlverfahren dar. Personalmarketing durch Unternehmenskultur, Praktikantenprogramme und Förderprogramme schaffen den Rahmen zur Vermittlung einer Kultur eher als andere Medien. Diese Art der Personalrekrutierung verschafft dem Unternehmen einen zusätzlichen Imagevorteil – jedoch nur, wenn das Praktikum bzw. das Praktikantenprogramm auch qualitativ anspruchsvoll ist.

Das Praktikum gilt als ein eher kostengünstiger Rekrutierungsweg. Die Angebote und die Nachfrage nach Praktika haben in den letzten Jahren stark zugenommen und es ist eine starke Tendenz zur Praxisorientierung zu vernehmen. Dies zeigt sich u.a. auch durch den Trend zur Dualen Studienausbildung.

---

[49] Siehe Anlage A 10: Personalmarketing und Rekruiting im Aufwind, e-fellows.net, McKinsey Company, Download 25.04.06, Dokument 10 auf der Diplom-CD. McKinsey & Company und das Karrierenetzwerk e-fellows.net befragten dafür von April bis Juni dieses Jahres 24 große Unternehmen in Deutschland.

[50] Bund-Länder-Kommission für Bildungsplanung und Forschungsförderung (BLK), Bundesanstalt für Arbeit (Hrsg.): 1999/2000 Studien- & Berufswahl, 29. Auflage, Nürnberg 1999

4.2. Resümee und Fazit

Kernelement dieser Arbeit war es, die Chancen und Risiken, die durch Praktika entstehen können, zu untersuchen, die sich daraus ergebenen Verbesserungspotentiale aufzuspüren und im Rahmen eines Leitfadens für Unternehmen festzuhalten. Wie die empirische Studie gezeigt hat, beinhalten Praktika sehr wohl Chancen als auch Risiken und zwar für beide am Praktikumsprozess beteiligten Parteien. Jedoch kann es durch eine intelligente Ausgestaltung und Umsetzung dieses Beschäftigungsverhältnisses – zum Beispiel in Form des unter Kapitel 3 dargestellten Leitfadens - für beide Seiten zu einer erstrebenswerten Win-Win-Situation kommen. Wichtig ist, dass ein Praktikum sowohl vom Unternehmen als auch vom Praktikanten ernst genug angegangen und durchgeführt wird. Es besteht sehr wohl die Möglichkeit, durch Praktika frühzeitig sehr gute zukünftige Mitarbeiter kennen zu lernen bzw. durch ein Praktikum einen festen Job zu ergattern – wenn im Schnitt auch nur für jeden fünften Praktikant. Es gibt jedoch eine Vielzahl von Faktoren, die bei einem Praktikum gegeben sein müssen, damit sich dies erfolgreich gestaltet. Eher selten liegt es an dem Fehlverhalten von nur einer Partei – zu einem Praktikum gehören nämlich zwei - die maßgeblich an dem Erfolg oder Misserfolg beteiligt sind: das Unternehmen und der Praktikant. Auch wenn eine Perfektion wie so oft auch hier nicht möglich ist, so sollten sich beide Beteiligten bewusst vor Augen führen, dass sie ihren wesentlichen Beitrag dazu leisten müssen, wenn sie erfolgreich agieren möchten.

Die Unternehmen stehen – insbesondere in Deutschland - vor gravierenden Herausforderungen, die sie zum Handeln zwingen: Auf die Personalabteilung kommt aufgrund der demografischen Herausforderungen der Zukunft und die zunehmende Akademisierung der Berufswelt auf der einen, sowie die Hochschulreform auf der anderen Seite, einiges an Änderungen zu, die aber sicherlich nicht nur zu bewältigen sind sondern auch Verbesserungsmöglichkeiten beinhalten.

Fraglich bleibt, inwieweit dies den Unternehmen tatsächlich bewusst ist. Derzeit wird die strategische Bedeutung junger Talente noch allzu oft unterschätzt. Die Zielgruppe Studenten sollten vor dem Hintergrund der zurückgehenden Gesamtzahl der Altersgruppe, der konstant niedrig bleibenden Zahl der Hochschulabsolventen sowie in Anbetracht des daraus entstehenden „War of Talents" möglichst früh angesprochen und in sie investiert werden. Die Programme zur Gewinnung und Bindung von Praktikanten müssen vor dem Hintergrund, dass es aufgrund der Einführung der Bachelor- und Master-Studiengänge weniger und kürzere Pflichtpraktika geben wird, intensiviert werden.[51]

Wenn sich das Personalmarketing frühzeitig mit den zukünftigen Entwicklungstendenzen befasst, kann es einen „Innovationsvorsprung" für das Unternehmen erreichen, der es nicht nur interessant für externe Bewerber und attraktiv für die Mitarbeiter macht, sondern den Erfolg des Unternehmens in der Zukunft sichern wird: Der Einsatz des richtigen Praktikanten im richtigen Unternehmen zum richtigen Zeitpunkt mit den richtigen Aufgabenstellungen kann hierfür nur dienlich sein.

---

[51] Vgl. DGFP e.V. (Hrsg.), (2006), 1. Auflage, Erfolgsorientiertes Personalmarketing in der Praxis, W. Bertelsmann Verlag, S. 137

Anlagen

Definitionen der verschiedenen Praktikumsarten:

Anerkennungspraktikum: Pflichtpraktikum nach einer fachtheoretischen und fachpraktischen Ausbildung zur Anerkennung eines Berufsabschlusses.

Auslandspraktikum: Freiwilliger Auslandsaufenthalt zur Verbesserung der Einstellungs- und Aufstiegsmöglichkeiten und zum Spracherwerb. Bei internationalen Studiengängen häufig vorgeschrieben.

Praxissemester: Für Studierende an Fachhochschulen, meist am Ende des Grundstudiums. Praktikantenrichtlinien erhalten Sie bei Ihrer Fachhochschule.

Schiffspraktikum: Freiwilliges Praktikum für Schulabgänger, um seemännisch-technische Berufe und Anforderungen kennen zu lernen.

Schnupperpraktikum: Wenige Tage dauerndes Praktikum von Schülern zum Kennen lernen betrieblicher Arbeits- und Ausbildungsbedingungen.

Schülerbetriebspraktikum: In den meisten Bundesländern sind Betriebspraktika in der vorletzten oder letzten Klasse vorgeschrieben. Die Organisation erfolgt in der Regel über die Schule.

Studienbegleitendes Praktikum (freiwillig): Freiwillige berufspraktische Zusatzqualifikation zur Verbesserung der Arbeitsmarktchancen für Studierende aller Fachrichtungen.

Vorpraktikum/Fachpraktikum: Vorgeschriebenes Praktikum, das als Pflichtpraktikum in der jeweiligen Fachrichtung absolviert werden muss. Praktikantenrichtlinien erhalten Sie bei der jeweiligen Ausbildungseinrichtung.[52]

**Unternehmensstrategien für den Nachwuchs:
zwei Fallbeispiele:**

a) Praktikantenpgrogramm bei der Allianz Versicherungs-AG

Ausgangspunkt der Allianz-Versicherungs-AG für die Entwicklung eines Praktikantenprogramms war im Frühjahr 2001 die Beobachtung, dass die Praktikanten in der dezentralen Struktur der Allianz Versicherungs-AG nur einen Ausschnitt des Unternehmens kennen lernten und wenig Gelegenheit hatten, Netzwerke aufzubauen. Außerdem sollte die Eigenschaft des Praktikums als valide Arbeitsprobe systematischer genutzt werden. Das Programm hat einen bedarfsorientierten Ansatz: Geeignete Praktikanten sollen für einen künftigen Einsatz in einer spezifischen Fachabteilung an das Unternehmen gebunden werden. Das Praktikantenpgrogramm AIDA (Allianz Internship for dynamic Associates) sieht neben der Einbindung in anspruchsvolle Fachprojekte auch einen monatlichen Einführungstag, monatliche Praktikantentreffen, gemeinsame Mittagessen, Stammtische, ein Portal im Intranet (von Praktikanten für Praktikanten), einen eigenen Newsletter und eine eigene Weihnachtsfeier für Praktikanten vor. Im Rahmen des Einführungstages werden die Erwartungen der Praktikanten an das Praktikum und die Erwartungen des Unternehmens geklärt. Der Newsletter wird auch an ehemalige Praktikanten versandt; die Ehemaligen werden ebenfalls zur Weihnachtsfeier eingeladen. Die beiden letztgenannten Punkte sind gemeinsam mit Einladungen zu mehrtägigen Events Bestandteil des Praktikantenförderprogramms KIT (Keep in Touch), in das jeder von der Führungskraft mit „sehr gut" benotete Praktikant aufgenommen wird (ca. 10 Prozent aller Praktikanten). Diese Gruppe soll an das Unternehmen gebunden werden, um gegebenenfalls für die Fachabteilung, in der das Praktikum absolviert

---

[52] Vgl. Bundesagentur für Arbeit, Definitionen der verschiedenen Praktikumsarten, Dokument 47 auf der Diplom-CD)

wurde, rekrutiert werden zu können. Als Auswahlverfahren für Praktikanten werden Bewerbungsgespräche eingesetzt. Die Einstellung und die Vertragsgestaltung der Praktikanten erfolgt durch die operative Personalarbeit. Die Vergütung für Praktikanten wird nach Erfahrungswerten vorgenommen. Ein Praktikum dauert zwischen zwei und sechs Monaten. Im Anschluss an das Praktikum wird von der Fachabteilung ein Zeugnisentwurfsformular ausgefüllt. Insgesamt werden ca. 5 Prozent aller Praktikanten eines Jahrgangs fest eingestellt. [53]

b) Praktikantenpgrogramm bei der Lufthansa Technik AG

Ausgehend von einem steigenden Bedarf an akademischem Personal, von einem aufwändigen Akquisitionsverfahren für die Mitarbeitergruppe und von dem Fehlen systematischer Informationen über die Leistungen von ehemaligen Praktikanten und Diplomanden, wurde bei der Lufthansa Technik AG Anfang 2001 das Talent Relationship Management [54] (TRM) implementiert. Mittelfristig sollen ca. 60 Prozent aller Neueinstellungen aus diesem Praktikantenprogramm heraus erfolgen. Ein Pool an geeigneten ehemaligen Praktikanten macht das Unternehmen unabhängiger vom externen Arbeitsmarkt. Jedem, der ein Praktikum bei der Lufthansa Technik AG absolviert hat, wird die Teilnahme an dem Nachwuchsprogramm Technics Talents angeboten. Zu jedem Teilnehmer von Technics Talents wird kostengünstig via E-Mail der Kontakt gepflegt. 40 Prozent aller ehemaligen Praktikanten gehören zu den High Performern, die zu besonderen Veranstaltungen eingeladen werden und 10 Prozent der ehemaligen Praktikanten werden der Gruppe der Topp Ten zugeordnet. Diese Personengruppe kann an

---

[53] Vgl. DGFP e.V. (Hrsg.), (2006), 1. Auflage, Erfolgsorientiertes Personalmarketing in der Praxis, W. Bertelsmann Verlag, Autorin: Diana Seibold, 2000-2005 verantwortlich für das Personalmarketing der Allianz Versicherungs-AG, S. 116-118

[54] **Talent Relationship Management** (TRM) ist ein umfassender Ansatz zur Personalrekrutierung und -planung. Ziel ist es, zu ehemaligen Bewerbern, die bei der Besetzung einer vakanten Position (zunächst) nicht berücksichtigt wurden, und zu Mitarbeitern im eigenen Unternehmen eine langfristige Direktmarketing-Beziehung aufzubauen. Dazu werden die externen und internen Talente in einem gemeinsamen Online-System erfasst. Vgl. Jobpilot: Nicht aus den Augen verlieren, Zugriff vom 01.04.2006 (Dokument 8 auf der Diplom-CD)

fünf zweitägigen Seminarmodulen teilnehmen, welche die Bereiche: Kommunikation, Präsentation, Team, Konflikt-/ Stress-/ Zeitmanagement sowie Tipps für den Berufseinstieg beinhalten. Alle Seminare bestehen ebenfalls aus einem Unterhaltungselement (z.B. Notfalltraining). Über die Kriterien zur Auswahl der Topp Ten werden alle Praktikanten zu Beginn ihres Praktikums informiert: Die Empfehlung des Betreuers, das Zeugnis und eine eignungsdiagnostische Untersuchung (Leistungstest und Interview) zwei bis drei Wochen nach Beendigung des Praktikums sind ausschlaggebend. Bei einem positiven Ergebnis der Eingangsuntersuchung wird dieser Befund über Jahre ohne Messwiederholung akzeptiert. Wenn ein ehemaliger Praktikant als geeignet eingestuft wird, erhält er eine Option auf eine Festanstellung nach erfolgreicher Beendigung des Studiums. Bei einem negativen Ergebnis steht dem ehemaligen Praktikanten eine Wiederholung der Untersuchung offen. Den Praktikanten soll damit vermittelt werden, dass es keine Verlierer gibt. Bei der eignungsdiagnostischen Untersuchung für Führungskräfte und Akademiker handelt es sich um eine unternehmenspolitische Anforderung. Die Administration des Praktikantenprogrammes (von der Platzierung bis zur Zeugniserstellung) erfolgt über eine eigens entwickelte Datenbank auf der Basis von Access. Aus arbeitsrechtlichen Gründen wird streng darauf geachtet, das Praktikum vom regulären Arbeitsverhältnis abzugrenzen: Es gibt eigene Begrifflichkeiten (Beschäftigungszeit, Aufwandsentschädigung etc.), ein spezifisches Zeugnis und die optionale Teilnahme am Nachwuchsförderungsprogramm. Seit 2005 werden ausschließlich Online-Bewerbungen akzeptiert. 98 Prozent der Diplomarbeiten werden an ehemalige Praktikanten vergeben. Damit verbunden ist die Erwartung, dass Diplomanden, die sich als Praktikanten bereits bewährt haben, qualitativ hochwertiger arbeiten. Die Nachfrage nach Praktikumsplätzen wird durch viele Studienordnungen, die Pflichtpraktika vorsehen, gefördert. Aufgrund der aktuellen hochschulpolitischen Entwicklungen, insbesondere der Kürzung der Praktikazeiten in den Studiengangskonzepten sieht die Lufthansa Technik AG diesen Trend als gefährdet an. [55]

---

[55] Vgl. DGFP e.V. (Hrsg.), (2006), 1. Auflage, Erfolgsorientiertes Personalmarketing in der Praxis, W. Bertelsmann Verlag, Autor: Arno Kolkmeyer, seit 1995 Leiter Personalmarketing und –recruitment der Lufthansa Technik AG, S. 118-120

Lösungsorientierte Ansätze zur Standardisierung von Praktika in der Praxis

a) Das ADC-Praktikantenprogramm

Mit Gutscheinen für konkrete Ausbildungsinhalte möchten 84 Mitgliedsunternehmen des Art-Directors Club für Deutschland (ADC) Praktikanten eine Qualitätsgarantie für das Praktikum bieten. Alle Unternehmen, die sich dieser Initiative anschließen, verpflichten sich, gewisse Ausbildungsstandards bei Praktika einzuhalten. Die Belange der Praktikanten sollen durch die Aktion des ADC in den Unternehmen wesentlich ernster genommen werden. Wer als Praktikant bei einer der beteiligten Unternehmen anfängt, erhält das ADC Scheckheft und kann die darin enthaltenen zwölf Gutscheine gegen konkrete Ausbildungsinhalte einlösen. Die garantierten Leistungen erstrecken sich beispielsweise von der Zuweisung eines Mentors und eines Teams über die Einbindung in ein konkretes Projekt bis hin zur Teilnahme an einem Briefing sowie einer Ton- und einer Bildproduktion. Nach der Hälfte des Praktikums erfolgt eine persönliche Beurteilung der bisherigen Projektentwicklung durch den Team-Chef. Aber nicht nur inhaltliche Elemente werden reglementiert, auch eine faire Vergütung soll sichergestellt werden. Daher verpflichten sich die Arbeitgeber zu einem monatlichen Mindestgehalt von 350 Euro.[56]

b) Die Initiative Fair Company

Die Initiative Fair Company, eine Initiative der Zeitschrift "Karriere", verpflichtet die teilnehmenden Unternehmen dazu, beispielsweise keine Vollzeitstellen durch Praktikanten zu besetzen oder Absolventen, die sich auf eine feste Stelle bewerben, nicht mit einem Praktikum zu vertrösten. Derzeit beteiligen sich etwa 230 Unternehmen.[57] Kritisch anzumerken ist jedoch, dass auch hier sich „schwarze Schafe" tummeln, dabei handelt es sich um Unterneh-

---

[56] Vgl. Rosbach, Jens, (2006) Interview: Deutschlandfunk ADC Praktikantenprogramm, Download am 21.02.06, Dokument 37 auf der Diplom-CD
[57] Vgl. Jobguide Praktikum, (2006, 1. Auflage), Verlag Matchbox Media, Düsseldorf, S. 14

men, die vor allem wegen dem positiven PR-Effekt beteiligt sind, sich jedoch trotz ihrer Teilnahme nicht an die Spielregeln halten und trotzdem ihren Bewerbern statt einer Einladung zu einem Vorstellungsgespräch Praktikumsangebote versenden.

Dies lässt Unternehmen wie Siemens ganz bewusst nicht Mitglied werden, schreibt Rüdiger Schmitz-Normann in seinem Artikel dazu.[58]

Die fünf Regeln der Fair Companies:

Fair Companies...

- substituieren keine Vollzeitstellen durch Praktikanten, vermeintliche Volontäre, Hospitanten o.ä.
- vertrösten keinen Hochschulabsolventen mit einem Praktikum, der sich auf eine feste Stelle beworben hat,
- ködern keinen Praktikanten mit der vagen Aussicht auf eine anschließende Vollzeitstelle,
- bieten Praktika vornehmlich zur beruflichen Orientierung während der Ausbildungsphase,
- zahlen Praktikanten eine adäquate Aufwandsentschädigung[59]

c) Der Verein fairwork e. V.

Der Verein fairwork e. V, der sich überwiegend um die Belange von Praktikanten mit Hochschulabschluss kümmert, wurde 2003 in Berlin von der Diplom-Kauffrau Bettina Richter gegründet. Mittlerweile hat der Verein 200 Mitglieder. Neben der Diplom-Kauffrau gibt es vier weitere Aktive, die sich regelmäßig treffen, Podiumsdiskussionen organisieren, mit Politikern und Arbeitgebern sprechen, Betroffenen Ratschläge geben und über die Rechte der Praktikanten aufklären. Um der Ausbeutung von Praktikanten etwas entgegenzusetzen, hat der Verein das Ziel, ein Gesetz mit Mindestvergütun-

---

[58] Vgl. Jobguide Praktikum, (2006, 1. Auflage), Verlag Matchbox Media, Düsseldorf, S. 14
[59] Initiative Fair Company Junge Karriere II, Zugriff 04.03.06, <u>Dokument 27</u> auf der
Diplom-CD

gen für Praktikanten einzufordern. Der Verein arbeitet eng mit dem DGB-Projekt „Students at Work" zusammen, dort werden derzeit etwa 20 Praktikanten beraten, die gegen ihre ehemaligen Arbeitgeber klagen möchten. Im Internet bietet www.fairwork-verein.de eine Plattform, mit Hilfe derer sich die Mitglieder über die Arbeitsbedingungen bei Unternehmen austauschen können. Neben positiven Erfahrungen sind dort auch Warnungen zu finden.

Kienbaum Executive Consultants Vortrag: High Potentials – der Anspruch ist hoch – Erwartungen an Absolventen[60]

Erwartungen an High Potentials:

„Wie wichtig sind praktische Erfahrungen bei High Potentials?"

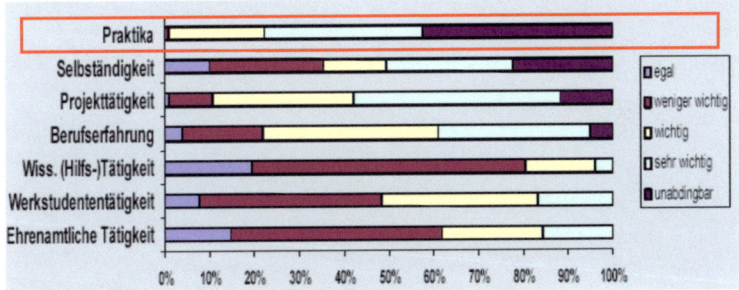

Abb. 32: *Erwartungen an High Potentials - Praktische Erfahrungen*

---

[60] Vgl. Vortrag Kienbaum Executive Consultants Vortrag: High Potentials – der Anspruch ist hoch – Erwartungen an Absolventen, (2003), Dokument 9 auf der Diplom - CD

Erwartungen an High Potentials: „Welche Beurteilungskriterien gelten für Praktika?"

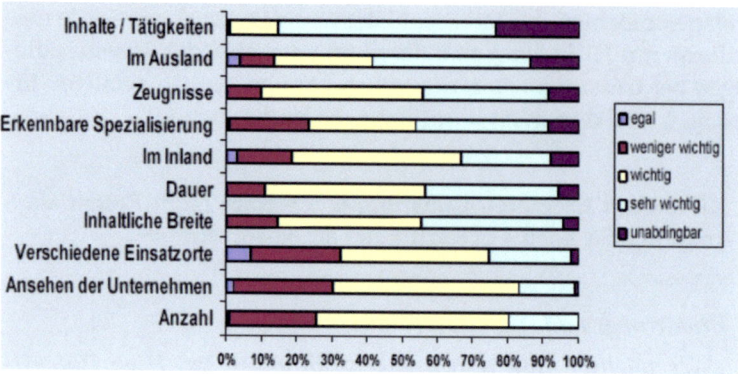

Erwartungen an High Potentials: „Nach welchen Kriterien wählen Unternehmen ihre High Potentials aus?"

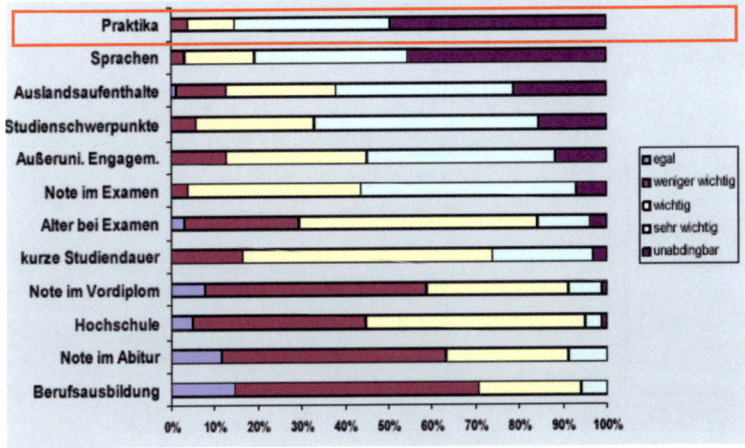

Abb. 33: Erwartungen an High Potentials – Auswahlkriterien

Merkmale im Berufseinstieg: „Welche Faktoren beeinflussen das Einstiegsgehalt?"

	Gar keinen Einfluss	Geringen Einfluss	Mittleren Einfluss	Großen Einfluss	Sehr großen Einfluss
Alter	44,7	27,7	22,3	5,3	
Hochschule	58,5	28,7	11,7	1,1	
Ausland	29,3	22,8	27,2	16,3	4,3
Außeruni. Engagement	44,7	22,3	23,4	9,6	
Berufsausbildung	23,7	26,9	34,4	14,0	1,1
Note im Examen	29,0	25,8	33,3	11,8	
Praktika	24,5	18,1	25,5	25,5	6,4
Sprachen	28,7	17,0	23,4	23,4	7,4
Studiendauer	35,5	26,9	22,6	14,0	1,1
Studienschwerpunkte	25,6	14,4	26,7	25,6	7,8

Abb. 34: Beinflussungsfaktoren Einstiegsgehalt

Personalmarketing und Rekruiting im Aufwind: Ergebnisse einer Befragung in deutschen Unternehmen[61]

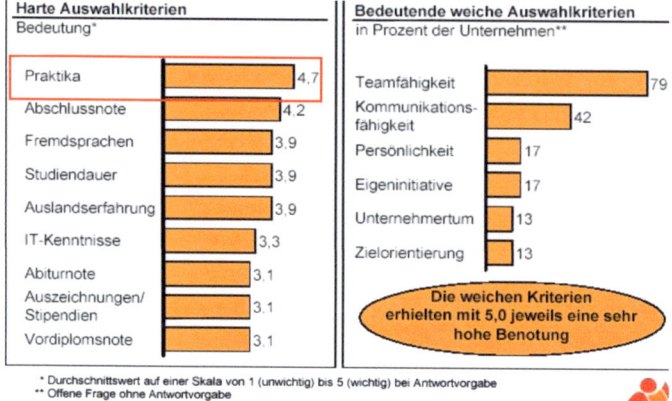

Abb. 35: *Auswahlkriterien bei der Rekrutierung von Nachwuchskräften*

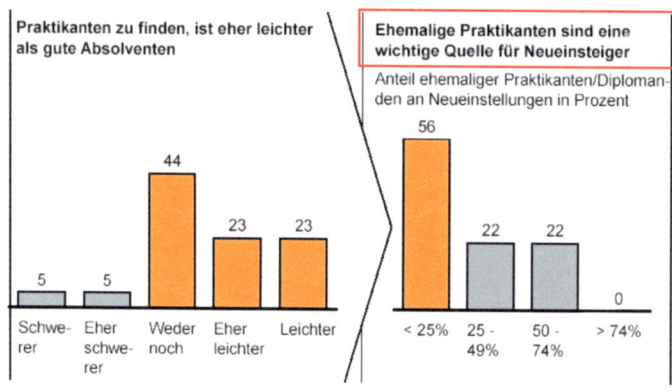

Abb. 36: *Bedeutung von Praktikanten – Einschätzung der Unternehmen in Prozent*

---

[61] Studie: Personalmarketing und Recruiting im Aufwind (2004), e-fellows.net in Zusammenarbeit mit McKinsey Company, Dokument 10 auf der Diplom - CD

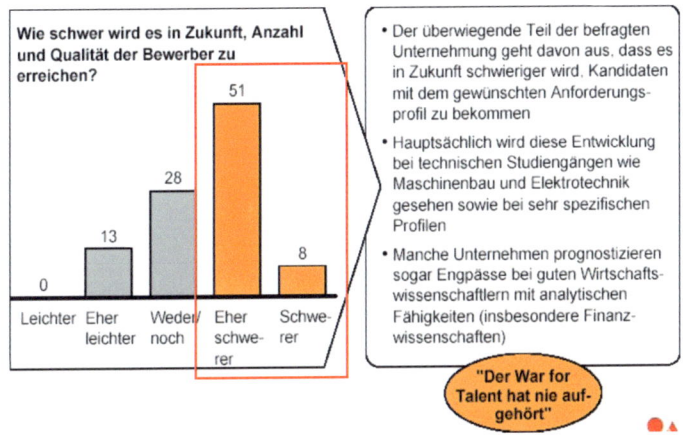

Abb. 37: **Erwartete Engpässe bei der Stellenbesetzung in Prozent**

Literaturverzeichnis

Bücher

Adam, Birgit, (2003), 1. Auflage, Der clevere Praktikumsführer: Recherche, Bewerbung, Organisation, Verlag Redline Wirtschaft

Arbeitsgesetze, (2006), 68. Auflage, Berufsbildungsgesetz (BBiG), Deutscher Taschenbuch Verlag

Boden, Martina (Hrsg.), (2005), 1. Auflage, Handbuch Personal, mi-Fachverlag

Büdenbender, Ulrich / Strutz, Hans, (2003), 1. Auflage, Gabler Kompakt-Lexikon Personal, Gabler Verlag

Bund-Länder-Kommission für Bildungsplanung und Forschungsförderung (BLK), Bundesanstalt für Arbeit (Hrsg.): 1999/2000 Studien- & Berufswahl, 29. Auflage

DGFP e.V. (Hrsg.) (2006), 1. Auflage, Erfolgsorientiertes Personalmarketing in der Praxis, W. Bertelsmann Verlag

Flöck, Gerhard, (1989), Qualifikatorische Über- und Unterforderung von Personal, Verlag Vandenhoeck & Rupprecht

Keller, Heidi / **Nöhmaier**, Nadine, (2005), Praktikumsknigge: Der Leitfaden zum Berufseinstieg, 2. Auflage, Clash Verlag

Münch, Prof. Dr., Joachim, (1997), Qualifikationspotentiale entdecken und fördern, Erich Schmidt Verlag

Pepels, Werner, (Hrsg.), (2001), 1. Auflage, Praxissemester und Praktika im Studium: Qualifikation durch Berufserfahrung, Cornelsen Verlag

Rotenhan von, Eleonore, (1976), Das Praktikum, Chr. Kaiser Verlag

Scholz, Prof., Christian, (2000), Personalmanagement, 5. Auflage, Verlag Vahlen

Siewert, Dr., Horst H., (2002), Handbuch Praktika Deutschland, 1. Auflage, Verlag interconnections

Wossidlo, Peter Rütger, (Hrsg.), (1991) Praktikumskonzepte Deutscher Hochschulen: Wirtschaft und Wissenschaft im Ausbildungsverbund, Gabler Verlag

Zeitungen, Zeitschriften und Fachmagazine

Audimax, Das Hochschulmagazin, (2006), Ausgabe 02-03/06, Audimax Verlag

Bergemann, Wibke, (2000), Artikel: Arbeiten auf Probe. In: Die zeit Ausgabe 52/00, S. 86

Düthmann, Christine, (2003), Umfrage: Idealvorstellung. In: LZ Spezial Ausgabe 04/03, S. 44 – 47

Forum Praxisführer Wirtschaft 2003/2004, (2003), 16. Auflage, Forum Verlag

Glasl, Marc, (2005), Artikel: Auf der Suche nach jungen Talenten. In: Personalmagazin Ausgabe 07/05, S. 14 – 15

Hillebrecht, Steffen, Prof. Dr., (2005), Artikel: Personalabteilung als Prüfungsinstanz. In: Personalmagazin, Ausgabe 10/05, S. 56

Hillebrecht, Steffen, Prof. Dr., (2005), Artikel: Strategien für den Praktikanteneinsatz, In: Personalmagazin 02/2005, S. 60 - 62

Jobguide Praktikum, (2006), Ausgabe 2006/07, Matchbox Media Verlag

Junge Karriere, (2004), Ausgabe 17/04, Verlagsgruppe Handelsblatt

Kewes, Tanja, (2004), Artikel: Harte Sitten. In: Wirtschaftswoche, Ausgabe 25/04, S. 96 – 97

(**o.V**.) (2005), Artikel: Beim Praktikum genau hinschauen. In: Personalmagazin, Ausgabe 01/2005, S. 43

(**o.V**.) (2000), Artikel: Recruitment via Qualifizierungsprojekt. In: PersonalführungPlus Ausgabe 02/00, S. 20 – 25

Schönefeldt, Ute, (2005), Artikel: Der Generation Praktikum eine Stimme geben. In: Personalführung Ausgabe 09/05, S. 18 – 20

Westermayr, Stephanie, (2006), Artikel: Die Guten finden – Sprungbrett Praktikum. In: Audimax – Die Hochschulzeitschrift Ausgabe 02-03/06

Wiethoff, Tobias, (20004), Artikel: Ohne Praktikum läuft gar nichts. In: Hochschulanzeiger Ausgabe 70/04

Unternehmenspublikationen:

Access, Praktikanten: Die frühe Gewinnung interessanter Kontakte, Konferenz Management Circle 12./13.06.01

AISEC – Management Circle, Erwartungen von internationalen Praktikanten an Unternehmen – Austauschprogramme, Lernprozesse, Persönlichkeitsbildung, Konferenz Management Circle 12./13.06.01

Daimler Chrysler, Internes Marketing und Qualitätssicherung im Praktikanteneinsatz, Konferenz Management Circle 12./13.06.01

Infineon, Praktikanten & Trainees, Praktikantenprogramme: erfolgreiches Rekrutierungsinstrument oder nutzloser Ressorcenaufwand? Eine Darstellung am Beispiel von Infineon Technologies, Konferenz Management Circle 12./13.06.01

Telekom Business Academy, Studenten-Betreuungsprogramm der Deutschen Telekom, Konferenz Management Circle 12./13.06.01

Upgrade – the human resources company AG, Bindung der „Right" Potentials an das Unternehmen, Konferenz Management Circle, 13.06.01

Internetquellen

Bülow, Alexandra, (2006), Artikel: Generation Praktikum, In: Berliner Morgenpost, Zugriff 09.03.06
http://morgenpost.berlin1.de/content/2006/02/12/beruf/810298.html

CampusCareerNetwork, (2004), Studie Hochschul-Recruiting 2004, per e-mail erhalten am 26.04.06

CampusCareerNetwork, (2005), Studie Hochschul-Recruiting 2004, per e-mail erhalten am 26.04.06

Career Service Münster, (2005), Das Praktikum Newsletter, per e-mail erhalten am 01.04.06

Göggelmann, Ute (2002), Artikel: Praxisluft schnuppern, In: Capital, Zugriff 04.03.06
http://www1.dgfp.com/dgfp/aktuelles.php?show=15691804643e63c35040603&tpl=show_archive&db=archive

Holzapfel, Nicola,(2006) Artikel: Aufstand der Praktikanten, In: Sueddeutsche.de, Zugriff 30.03.06.
http://www.sueddeutsche.de/jobkarriere/berufstudium/artikel/788/72716/

Kienbaum Consultants International GmbH, Studie Anforderungen High Potentials.pdf, per e-mail erhalten, 20.03.06

McKinsey & Company, e-fellows Recruiting Studie, per e-mail erhalten, 25.04.06

McKinsey & Company, Most Wanted Studie, per e-mail erhalten, 25.04.06

McKinsey & Company, Most Wanted Studie Pressemitteilung, per e-mail erhalten, 25.04.06

McKinsey & Company, Personalmarketing Pressemitteilung, per e-mail erhalten, 25.04.06

McKinsey & Company, War for Talents Studie, per e-mail erhalten, 25.04.06

Meyer-Timpe, Ulrike (2005), Artikel; Generation Praktikum, In: Die Zeit, Zugriff 27.04.06, http://www.zeit.de/2005/14/Generation_Praktikant

o. V. (2006), Artikel: Bologna Auswirkungen auf die Zukunft, In: Personalmagazin, Zugriff 28.03.06,
http://www.personalmagzin.de/SID103.WHAOp0RfEEo/dossierDetails?dossierID=bolognaProzess

o. V. (2006), Bundesagentur für Arbeit, Definition Praktikum, Zugriff 03.03.06 http://www.arbeitsagentur.de/vam/vamController/CMSConversation/anzeigeContent?docId=16864&rqc=15&ls=false&ut=0#Anchor6

o. V. (2006), DIHK Studie Erwartungen an Hochschulabsolventen, Zugriff 11.04.06,http://www.kiel.ihk24.de/index.jsp?url=http%3A//www.kiel.ihk24.de/aus _und_weiterbildung/bildungspolitik/hochschule/DIHK-Studie_zu_Erwartungen_von_Unternehmen_an_Hochschulabsolventen/ergebnissekurz.jsp

o. V. (2006), Firmenprofil Pfizer Deutschland GmbH Zugriff, 01.04.06, http://www.karrierefuehrer.de/firmenprofile/pfizer.html

o. V. (2006), Initiative Fair Company, Junge Karriere, Begründung beteiligte Unternehmen, Zugriff 04.03.06,
http://www.karriere.de/psjuka/fn/juka/SH/0/sfn/buildjuka/cn/cn_artikel/bt/1/page1/PAGE_6/page2/PAGE_2133/aktelem/DOCUMENT_2134/oaobjid/17453/index.html

o. V. (2006), Initiative Fair Company, Junge Karriere II, Zugriff 04.03.06,
http://www.karriere.de/psjuka/fn/juka/SH/0/sfn/buildjuka/cn/cn_decision/bt/1/page1/PAGE_6/page2/PAGE_2133/aktelem/PAGE_2133/index.htm

o. V. (2006), Initiative Fair Company, Junge Karriere, Zugriff 04.03.06, http://www.karriere.de/psjuka/fn/juka/SH/0/sfn/buildju-ka/cn/cn_decision/bt/1/page1/PAGE_6/page2/PAGE_2133/aktelem/PAGE_2133/index.htm

o. V. (2006), Artikel: Innovationen und Personal sind Schlüssel zum Unternehmenserfolg. In: Personalmagazin, Zugriff 12.04.06.

http://www.personalmagazin.de/newsDetails?newsID=1143460960.48

o. V. (2006), Karrieresprung-brett_Praktika_wissen_de_Zugriff_11.03.06.htm, http://www.wissen.de/wde/generator/wissen/ressorts/bildung/index,page=1306156.html

o. V. (2005), Leitfaden Faires Praktikum, DGB Jugend , Download 09.03.06, http://www.studentsatwork.org/mediabig/4845A.pdf

o. V. (2006), Mitgliedsantrag Verein Fairwork, Download 09.03.06, http://www.fairwork-verein.de/download.php?view.3

o. V. (2006), Praktika.de: Praktikantenmanagement für Unternehmen, per e-mail erhalten, 27.04.06

o. V. Studie Praktika von Hochschulabsolventen, DGB Jugend & Hans Boeckler Stiftung, per e-mail erhalten am 09.03.06

o. V. (2006), Verein fairwork, Beurteilung Praktikastellen, Zugriff 09.03.06, http://www.fairwork-verein.de/content.php?content.8

o. V. (2006), Verein fairwork, Definition Rechte Praktikant, Zugriff 09.03.06, http://www.fairwork-verein.de/content.php?content.3

o. V. (2006), Verein fairwork, Ziele, Zugriff 09.03.06,
http://www.fairwork-verein.de/content.php?content.2

o. V. (2006), Verein fairwork, Zugriff 09.03.06 http://www.fairwork-verein.de/content.php?content.1

o. V. (2005), Wettbewerbsvorteil Bachelor, Initiative D 21, Accenture, Zugriff 01.04.06, http://www.initiatived21.de/druck/news/publikationen2005/doc/6 1_ 1 133448015.pdf

o. V. (2005), Artikel: Zukünftige Berufsaussichten von Akademikern, Zugriff 11.04.06, http://job-chance-berlin.de/artikel.php?id=61

Rosbach, Jens, (2006), Interview: Deutschlandfunk ADC Praktikantenprogramm, Download 21.02.06 http://www.dradio.de/dlf/sendungen/campus/427838/

Spies, Reiner, (2003), Artikel: Nicht aus den Augen verlieren, Zugriff 10.05.06, http://www.jobpilot.de/content/journal/hr/thema/talent39-03.html

Statistisches Bundesamt: Betriebe nach Beschäftigtengrößenklassen 2001, per e-mail erhalten am 25.04.06

Statistisches Bundesamt: Betriebe nach Beschäftigtengrößenklassen D West Ost 2002, per e-mail erhalten am 25.04.06

Statistisches Bundesamt, (2003), Bevoelkerung 2050, Zugriff 20.04.06, http://www.destatis.de/presse/deutsch/pk/2003/Bevoelkerung_2050.pdf

Statistisches Bundesamt: Definition Kleinst-/ Mittelständische Unternehmen, per e-mail erhalten am 26.04.06

Statistisches Bundesamt: Hochschulstatistik 1975 – 2004, per e-mail erhalten am 25.04.06

Statistisches Bundesamt: Hochschulstatistik Abschlüsse 1973 - 2004, per e-mail erhalten am 25.04.06

Statistisches Bundesamt Jahrbuchtabellen Unternehmensregister, per e-mail erhalten am 25.04.06

Statistisches Bundesamt Mittelstand 1, per e-mail erhalten am 25.04.06

Statistisches Bundesamt Mittelstand 1 A, per e-mail erhalten am 25.04.06

Statistisches Bundesamt, Nichtmonetäre hochschulstatistische Kennzahlen, Zugriff 20.04.06, per e-mail erhalten am 25.04.06

Statistisches Bundesamt, Studienberechtigte Schulabgänger, per e-mail erhalten am 25.04.06

Statistisches Bundesamt, Studienberechtigte Schulabgänger 1980 - 2004, per e-mail erhalten am 25.04.06